吴根喜 著

山西国家级历史文化

名村名镇

山西出版传媒集团

三晋出版社

自　序

　　一座座保存完整的古村镇、一条条沧桑幽静的小巷、一座座古朴凝重的院落、一个个雕刻精美的装饰图案……这些饱含中华文化基因的历史文化名镇名村，不但是人类世代守望的精神家园，更是中华文化和文明的载体。它们集中反映了不同历史时期不同地域的传统风貌和建筑艺术，具有重要的历史、科学、文化、艺术、旅游等价值，是我国文化遗产保护体系的重要组成部分。

　　古村落，曾经如繁星般散落在中华大地上。然而，随着社会的发展、经济的繁荣、城镇化加快，以及人们生活方式的改变，古老的村落正以一种无法想象的速度淡出我们的视野，加之我们抢救的速度很多时候远远跟不上濒危、消亡的速度，也许在不久的将来，我们的子孙后代就再也看不到这些承载着中国传统文化的古村镇了……

　　关于古村落，中国住建部副部长仇保兴说，每一座蕴含传统文化的村落，都是活着的文化遗产，体现了一种人与自然和谐相处的文化精髓和空间记忆。传统村落的消失或破坏，毁掉的不单是一座建筑一个村庄，还会丧失掉孕育传统手工业、地理地标产品、民间文学、民间戏曲文艺等文化和特质产品的平台，保护传统村落刻不容缓。

　　国家建设部、国家文物局在 2003 年联合发布了《中国历史文化名镇（名村）评选办法》，并同时公布了第一批中国历史文化名镇名村。2008 年国务院出台了《历史文化名城名镇名村保护条例》。从 2003 年起，住建部和国家文物局先后公布了五批中国历史文化名镇名村。山西省作为我国文物大省和古建筑大省，留存着大量珍贵的古村镇。目前山西省国家级历史文化名镇名村总数达到 30 个，数量居全国之首。

2012 年 5 月国家住房城乡建设部、文化部、国家文物局、财政部对全国传统村落调查工作做了部署。山西省出台了《山西省传统村落调查实施方案》，山西省传统村落调查随之全面启动。目前，调查工作已初步完成，山西上报 1213 个（全国共上报了 10259 个村）。数量居全国第二。

我有幸在老房子里出生，在古村落里成长。我想用镜头和古人对话，用瞬间留住历史，用图像缅怀故乡。希望读者能从中触摸历史，体会传统，想象过往。

本书以图文并茂的形式展现了山西省 30 个国家级历史文化名镇名村。作为中国历史文化名镇名村珍贵的影像资料，这些摄影图片不但可以让人直观地了解"古村落"这个蕴含着丰富文化信息的历史遗产，而且对摄影爱好者有着较高的欣赏价值，同时，对旅游爱好者也有一定的参考价值。

愿《山西国家级历史文化名村名镇》一书的出版能为历史文化名村名镇的宣传、调查研究、保护利用、弘扬中华统文化起到有益的作用。

吴根喜

2013 年 9 月于太原

目　录

太原市

TAI YUAN SHI

石头堆砌的千年迷宫
——店头村

　　太原市晋源区店头村北靠蒙山，南望龙山，风峪河从村前自西向东流过。村里古树参天，一座座石碹窑洞错落有致地散落在约两公里长的山坡上。

　　店头村从什么时候开始有人居住，如此大规模的石窑洞又是什么时间建造的，至今没有一个准确的定论。但从村中保存的古槐、古松、古柏及专家对紫竹林寺石柱的卯榫结构属唐代遗存的判断可以推断该村历史至少也在千年以上。

初春的店头村

　　店头村所在风峪沟旧为唐代北都晋阳通往娄烦的驿路。从古村现存的石碹窑洞群组的结构、功能初步推测，历史上店头村曾是一个军事堡垒和屯兵之地，在公元 979 年（宋太平兴国四年），宋毁晋阳城后，逐渐演变为村庄。"店头"之名源于驿路旁边的驿馆店铺及其属风峪八个村庄第一个村子，人口、店铺居风峪之首，故名店头村。因店头村地处交通要塞，渐渐成为客商的驿站，成了商业繁华之地。据史载：清光绪三年，该村有 500 余户人家，3000 余口人，店铺林立，商贾云集，号称"小太谷"。

　　据调查，古村占地面积 45790 平方米，原有 3000 余间石碹窑洞，现存较完好的有 460 间，其余皆倾圮颓废，村里现存的古石碹窑洞群组中，二层式窑洞占

90%以上，三层、四层式建筑石窑洞群有三组。走进村中，仔细观察，这些窑洞都由碗口大小的河卵石碹成，洞体隐蔽在山体内，村里人称之为地堡。这些窑洞串联着窑洞、大窑洞套小窑洞，上下层院落间除筑石阶互通外，在窑洞内还筑有暗道曲折迂回连通，有的窑洞内还筑有地道，设有通风孔、瞭望孔、射击孔、采光窗、排水渠道。这些窑洞错综复杂，形成一个四通八达的地堡暗道迷宫，且结构奇特、设计精巧、功能多样、规模宏大……总之，建筑工程之浩大远非一般百姓财力所能建起。据村中一些老人介绍，他们小的时候，经常在地堡里发现一些古代兵器，这更为暗堡增添了许多神秘色彩。

店头村全景

在古村中心位置，有一座小巧玲珑、结构紧凑的底层为石碹窑洞，上层为殿堂的紫竹林寺（又名观音堂）。紫竹林寺是风峪八景之一，是一个规模不大的姑姑庵，然而麻雀虽小，五脏俱全，寺内石雕、砖雕、木雕一应俱全，至今依然香火繁盛。

店头古村为研究晋阳历史文化、军事科学、农耕文化以及生活文化等提供了一处实物资料，期待着有关专家揭开它神秘的面纱。

1 | 1 石碾
2 | 2 窑洞内地道口

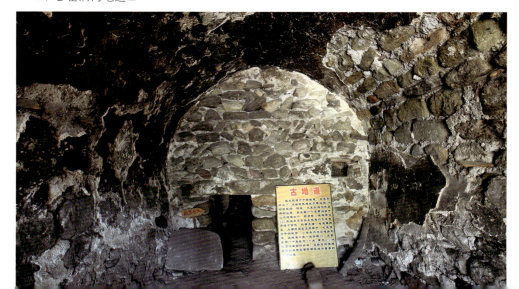

1 窑洞间相互贯通
2 石碹窑洞
3 石头窑洞楼房

1	1 "却敌楼"内景
2	2 卯榫结构的石柱
3	3 两侧带排水石槽的石阶路

| 1 | 1 紫竹林寺 |
| 2 | 2 紫竹林寺佛事活动 |

村里保留着许多古树

资 讯

1. **交通**：前往风峪沟店头古村可乘 848、308 路公交车，在旧晋祠路乱石滩下车西行即到。

2. **住宿**：这里距晋祠很近，可在晋祠附近住宿。

3. **吃**：到晋祠风景区方便。

4. **门票**：无

开放时间：全天

5. **联系电话**：13603569888（个人）

6. **周边景区**：太山龙泉寺　蒙山大佛　晋祠　龙山道教石窟　天龙山石窟

大同市

DA TONG SHI

北方边塞重镇
——新平堡

大同市天镇县新平堡位于山西省最东北端。因地处晋、冀、蒙三省（区）交界处，故素有"鸡鸣闻三省"之称，东与河北柴沟堡接壤，北与内蒙古兴和县紧邻，是山西东北的门户。

玉皇阁

　　新平古镇历史悠久，长城文化源远流长。这一带遗留有战国赵、汉、北魏、明、清5个历史时期的长城遗址，在方圆10公里之内，长墙蜿蜒、堡垒森森、烽燧密布，非常壮观。这里曾经是汉民族与北方草原游牧民族交会的地方，战争频发，为历代战略要地。早在战国、秦、汉时代为代郡延陵，北魏称倚城。到了明代，这里为大同镇下辖的阳和道的新平路，因与蒙古部落战争频繁，国家派出大规模的军队，在此修筑长城、军堡，垦田屯兵，形成边墙绵延、戍堡并峙、烽堠相望的雄大军事布局。当时的新平堡由参将率重兵守卫，包括保平堡、平远堡、桦门堡等，形成一个防务区，为三晋之北门，京畿之锁钥，宣大二镇联络之要冲。据《天镇县志》载，明嘉靖二十五年（1546年），新平堡守备驻军近千人，守边18里，边墩26座，烽火台16座。明成祖朱棣曾御驾亲征，在此地与瓦剌首领顺宁王马哈木决战。

1	2
3

1 马总兵府影壁
2 马总兵大门砖雕墀头
3 堡外山顶的烽火台

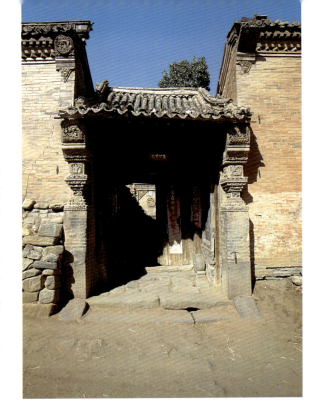

　　如今的新平堡早已远离了战火与硝烟，城墙也已经残破不全，但走在堡内的街上依然能感受到深厚的边塞历史文化底蕴。新平堡城筑于明嘉靖二十五年（1546年），隆庆六年增修；周长3千余米，高约9米，设北、东两门，北称新远门，东称拱化门。城门上均置关楼，东南角置文昌阁（今已不存）。城内布局以主道十字街式并分布南北纵横十六小街，即人们常说的四通八达。这是典型的长城城堡布局，它既方

$\dfrac{1}{2}$　1 马总兵府大门
　　2 街道旁的店铺

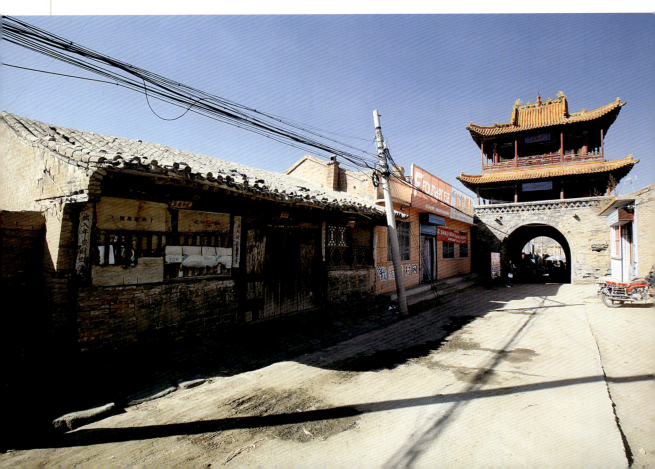

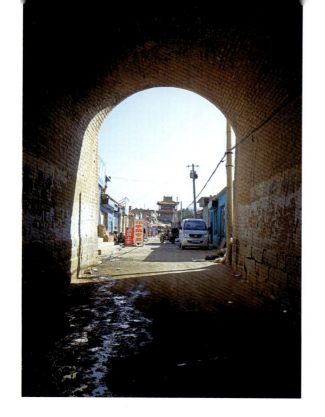

便于出行，又考虑到军事作战的需要。堡内现存有明代古建筑玉皇阁，当地老百姓叫镇边楼，位于堡内中央，始建于明万历十一年（1584年）。阁高15.8米，三层歇山顶式建筑；底部为砖券十字过街道；上、下层均有回廊。在边镇城堡中央建阁，意在祈求天帝保佑平安，但在实际意义上，新平堡为戍边重镇，实为指挥作战，既可登高望远，又可观察指挥。站在阁楼上眺望，城堡内外尽收眼底。

1	1 新平堡北门
2	2 新平堡街景

堡内民居

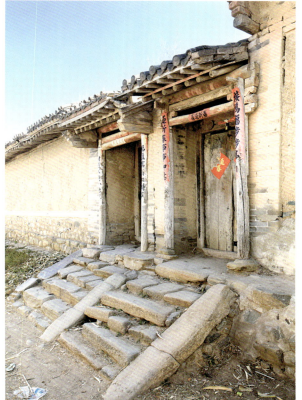

1 山顶蜿蜒的长城
2 民居大门

　　堡内民居颇具特色。以新平路总兵马芳官邸最具代表性。它是一套四合院，约建于明嘉靖年间，坐北朝南，大门居中，迎面为影壁，壁前两侧二门各通一进东西四合院。其中大门、影壁较为独特。大门作硬山式顶。山墙墀头为砖雕装饰，分上中下三层，上层是瑞兽图案，中间是人物故事，下层为对称式五级须弥座刻花，中刻异兽。一进门迎面照壁上砖雕的装饰更是细致，须弥底座，顶上是仿木结构砖雕一连串花瓣精细的各种花草，中间是仿竹框，框内四角是栩栩如生的珍奇异兽，框的正中间则是一幅象征官运亨通、步步高升的吉祥图案。其造型独特逼真，栩栩如生，为民居建筑中的佳品。

新平堡历史上曾经有发达的商贸业，史称"马市口"。一度是北方最重要的国家级对外贸易区，曾十分繁华富庶。现在，新平堡的北街、东街仍是商贸街。街道虽不宽但两边店铺林立，商品齐全。据了解，每年的阴历五月十八，这里都要开物资交流大会，周边冀、蒙两省区的村民纷纷来赶集，很是热闹。

资　讯

1. **交通：** 大同汽车站有开往天镇的班车，或张家口方向的班车也经过天镇，车票约15元／人，车程一个半小时。

天镇县有火车站在谷前堡镇，距县城约5公里。

2. **住宿：** 新平堡镇有农家客栈可以入住。

3. **吃：** 小饭店

4. **门票：** 无

开放时间： 全天

5. **联系电话：** 0352-6996005（镇政府）

6. **周边景区：** 天镇慈云寺

阳泉市

YANG QUAN SHI

北国江南、水上人家
——娘子关镇

    平定县东北 45 公里处的娘子关镇，与河北省井陉县接壤，是连接晋冀的咽喉要地，有山西东大门之称。这里的关寨、长城、涌泉、瀑布、古村、水磨错落有致，构成一幅北国江南水乡风光。

    娘子关历史悠久。据史料记载，娘子关作为军事设施历史至今已有 1800 多年，始建于北齐文宣帝天保六年（555 年）。隋开皇时曾在此设置苇泽县。娘子关虽说被排为天下第九关，但它却是闻名遐迩、妇孺皆知的一座名关。它的得名，有两种说法。一说此地原有妒女祠，乃为晋人介子推之妹而立，俗称娘子

街景

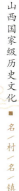

山西国家级历史文化 ■ 名／村／名／镇

庙，关因庙得名。一说唐代时唐高祖的三女儿、唐太宗的妹妹平阳公主，曾率娘子军在此设防、驻守，从此改名娘子关。娘子关历史建筑和文物古迹遍及全镇。从春秋战国时期中山国长城、汉长城遗址，东汉中平年间的"董卓垒"，隋朝大业年间的岩崖大道，唐大历年间的承天军城，到明嘉靖年间以来修筑的娘子关、固关长城和商贸古街、民宅、店铺、水磨等众多的历史建筑，都可见证这一千年古镇延绵不断的辉煌和繁荣。

1	1 娘子关东门
2	2 水上人家

1 | 1 泉水从房底流出绕街而行
2 | 2 院落

娘子关又称苇泽关，是长城的著名关隘。在相互征战、杀伐不断的历史中，历尽沧桑，终成名垂青史的千古雄关。关城坐落在悬崖之上，居高临下，桃河水由西南折向东北，环绕关城奔腾而过。这里山高沟深，形势险要，自古就是兵家必争之地。现存关城为明嘉靖二十年（1542年）所建。古城堡建有关门两

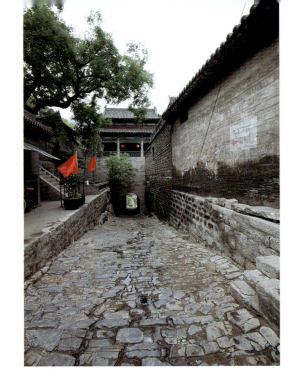

1 ┃ 1 娘子关内街道
─────
2 ┃ 2 水磨

座。东门为砖券城门，额题"直隶娘子关"，由于久经战事，墙体弹痕累累，望之使人顿生感慨。关外古道，蜿蜒起伏，为著名的燕赵古道。南城门，也称内城门，下为砖券，上为门楼，悬有"天下第九关"匾额，雄伟高大，蔚为壮观。门洞上方额书"京畿藩屏"四个大字，形象地概括了娘子关的地理位置。楼台上有宿将楼，四根花岗岩石柱上镌刻着楹联："雄关百二谁为最；要路三千此并名。""楼头古戍楼边寨；城外青山城下河。"关城内还有关帝庙、真武阁等古迹。街道、民宅仍保持着古代风貌。居民多为明清时期的守关将士的后裔。关城东南侧长城依绵山蜿蜒，巍峨挺拔。险山、河谷、长城，为晋冀间筑起一道天然屏障。由于娘子关军事地位极其重要，历史上的许多名人在娘子关凭吊、题咏，使娘子关名声

1 | 1 平阳湖
2 | 2 文昌阁

远播于海内外，丰富了娘子关的历史文化内涵。

娘子关山明水秀，以水更胜。拥有华北最大的岩溶泉群，大小泉眼几百处，较大的泉眼 32 处，泉水四季喷涌不息。娘子关瀑布位于娘子关城堡下的悬崖之上，下临绵河，瀑布古称"泽发水"、"悬泉"，又因瀑布之后有一天然石洞而称水帘洞瀑布，是全国十大水帘洞瀑布之一。瀑布由多股泉水汇流而成，沿悬崖峭壁倾泻而下，形成高达十几丈的飞流。娘子关瀑布在史书、志书上均有记载。《读史方舆纪要》载，"今泉突起平地，下赴绝涧，悬流千尺，俗谓水帘洞"。瀑布下是绵河秀丽的风光，河谷到处潺潺流水，鸟语花香，峭壁直立，绿藤倒垂，是我国北方十分罕见的江南美景。

娘子关不仅是军事险关，更因为水源充沛这一得天独厚的优势，成为人们安家定居的场所。早在唐宋时期，娘子关就是一个重要的商贸集镇。当时有"吃不完的娘子关面，住不满的坡底店"之说。娘子关村依山而建，顺水而居，房屋多以石头垒砌而成。娘子关村至今还留有三进、四进的院落及水磨这样的传统作坊。从这些古街商铺依稀可以窥见当年的繁华。

一户人家门上的对联文字很难辨识，请教了当地人，也都说不明白

娘子关城楼

娘子关"水帘洞"瀑布

比起声名远播的娘子关，水上人家更使人流连忘返。穿村而过的是一条称为"兴隆街"的明清古道，那些依旧保持古风古韵的民居建筑和青石路上的坑洼，仍能读出它久远的历史。沿街而行，泉水潺潺，水磨处处。村民在各自家门口或淘米洗菜或洗衣，水磨咿咿呀呀地转着。娘子关村人靠着水磨加工粮食，很多游人喜欢水磨加工的玉米面粉和小麦面粉。村内泉眼遍布，家家流水，处处涌泉，泉水穿庭过院，日夜不息，组成一幅"人在水上住，清泉屋下流"的天然画卷，"水上人家"由此得名。

到过娘子关的人不仅会为险峻雄关所惊叹，更会被世外桃源般的"水上人家"而迷恋。

资 讯

1. 交通：阳泉到娘子关中巴车程约40分钟，太原到娘子关中巴车程约需1个半小时。到达娘子关镇后，再租车前往景区。

火车：北京南站、西站，河北石家庄、唐山，山西太原、阳泉、运城，陕西宝鸡，上海，四川成都、南充都有途经娘子关的火车。从火车站下车后向东走，就可以看到娘子关城楼，然后顺着公路走20分钟就可以看到瀑布了。

2. 住宿：返回娘子关镇或市区住宿，也可在当地老乡家住宿。

3. 吃：小饭店

4. 门票：娘子关关隘票价15元、"水上人家"票价6元

开放时间：全天

5. 联系电话：0353-6031014

6. 周边景区：开河寺　药林寺　天宁寺双塔　石评梅故居　狮脑山公园　藏山等景点

三元堂全景

现代才女石评梅故居
——小河村

    阳泉市郊区义井镇小河村，是著名红色作家、妇女运动先驱、中国现代四大才女之一石评梅的祖籍地。

    小河村群山环抱，山清水秀，小河穿村而过。村落依坡而建，层次分明。这里民风朴实，素称"礼仪之邦"。村里文物古迹、文化遗产留存丰富。现存明、清、民国时期的建筑约 4 万平方米，建筑类型丰富，其中石家大院、李家大院、石家老宅、关帝庙、观音庵、石家祠堂等建筑群，有较高的文化和艺术价值。

    据村中老人讲，小河村最早只有石、窦两姓，都是从洪洞大槐树迁过来的。

由此推断，小河村应该建于明洪武初年至明永乐十五年。据石氏家谱记载，石家于明初定居小河村，因其村前有小河，故称小河村。

　　石家大院坐落于小河村南口西山坡上，坐西向东，背山面水，是小河村保存完好的古建筑的代表。大院始建于清雍正年间，距今已有270年历史。大院由含清堂、三元堂、明远堂和崇德堂组成，共有窑洞65眼，房屋112间，建筑面积一万余平方米。因院内建有一玲珑别致的小花园，因此人们也习惯称之为"石家花园"。站在石家大院大门口，抬眼望去，青砖灰瓦，古色古香，层层叠叠，错落有致。

石家花园屋顶

1 "含清堂"文魁门和大夫第门
2 花园内书房

石家大院有三多，即院多、门多、台阶多。大院由21个小院组成，前后大门9座，小院间由72道过门相连，院中有院，院旁有院，院上有院。72道过门一开，院院相通，扑朔迷离如入迷宫；72道过门一关，各个小院自成一统，十分幽静。由70余组、400余级台阶把21个小院串联在一起，使大院格局变化有序。

1 | 1 石家花园大门
2 | 2 "三元堂"中心院

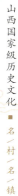

石家大院中花园内建有书房、绣楼、颐年堂、假山、鱼池、凉亭、游廊，又配以小桥、流水、翠柏、鲜花，具有江南园林的韵味，是专供家人休憩、读书、赏花、修身、养性之地，入口处门楣上镶有石刻"别有人"三字。小花园大大提高了大院的建筑和文化品位，真是"院中有园，情趣盎然"。

石家花园中"三雕"艺术精美绝伦，文化底蕴深厚，进入花园犹如进入了艺术的殿堂。那些精美的"三雕"作品，见于门楣、挂落、雀替、门柱石、柱础石、影壁、窗棂、隔扇及前檐饰品上，令人眼花缭乱、目不暇接。据统计，木、石、砖雕总计 800 余件。这些雕刻用意、形、音的方式，表示吉祥富贵，寓意深刻。造型设计栩栩如生，技艺巧夺天工，既反映了院主人对人生，尤其对子孙的良好祝愿和热切期盼，又充分展示了中华民族民俗文化的深厚底蕴。石家花园还有许多匾额、楹联点缀其间。如曹锟题写的"急功好义"、平定州知州孔广培题写的"乐善好施"，以及无法考证出处的"福其延畴"、"锺瑞凝晖"、"爽挹西山"等等，这些墨宝无疑为大院增加了浓浓的文化气氛。

石家花园，集北方之雄与南方之秀于一体，集精美的艺术审美价值和丰富的历史研究价值于一体，实为北方民居之奇葩。

关帝庙在村边的山冈上依山而建，高低错落。根据庙内石碑记载，关帝庙始建于明崇祯八年（1635 年），占地约 2 千平方米，布局严谨，中轴对称。关帝

"崇德堂"外景

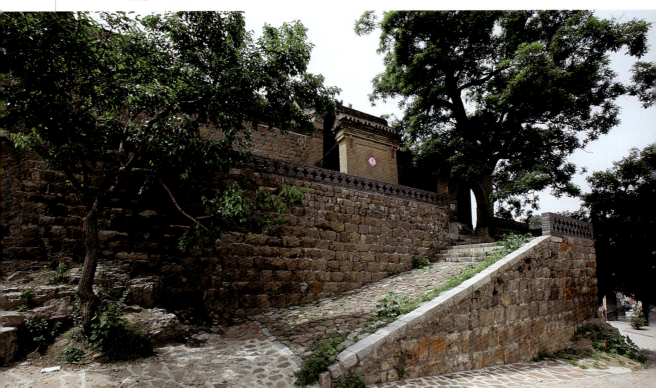

倒座院

庙前后共五进院落，中轴线从前到后分别建有戏台、山门、前殿、正殿，两侧衬以钟鼓二楼、厢房、配殿。这些殿宇的屋顶有卷棚式、硬山式、歇山式等，均飞檐翘角，雕梁画栋，造型精美，充分展示了我国古代建筑文化风貌。观音庵建在村北口的虎岩壁山崖上。庵小佛众，文化内涵十分丰富。整个观音庵崖托着庵，庵依于崖，依山就势，随形生变，典雅瑰丽，雄奇灵秀。

整个小河村依山而建，选址讲究，布局灵活，建筑形式多样，工艺精湛，处处渗透着中国传统文化的儒雅气息，是先辈给我们留下的珍贵文化遗产。

1　1 "三元堂"窑洞檐廊雀替
2　2 暗八仙垂花挂落
3　3 葫芦垂花挂落

1 | 1 关帝庙
2 | 2 关帝庙戏台

1 | 1 石评梅起居室
2 | 2 民宅

"明远堂"二进院正窑

资 讯

1. **交通：**可在阳泉市城区坐106路公交车前往。

2. **住宿：**由于景区离阳泉城区很近，可在阳泉城区住宿。

3. **吃：**小饭店或到阳泉市。

4. **门票：**20元

开放时间：8：30-17：30

5. **联系电话：**0353-2160403

6. **周边景区：**藏山风景名胜区　娘子关　银圆山庄　药林寺　林里关王庙　天宁寺双塔　狮脑山公园

五龙宫山门

隐藏在繁华都市中的古村落
——大阳泉村

　　阳泉市郊区义井镇的大阳泉村，明清时期就是"文献名邦"平定古州之名村。

　　大阳泉村依山傍水，草木旺盛，水源充足。人们在此定居后，因多处清泉自平地涌出而取名"漾泉"，谐音而称阳泉，阳泉市也因此得名。从村中留存的千年古槐推断，大阳泉村早在唐代就已有人居住。北宋时期，这里已形成较大的村落，时称"阳泉里"。金代文坛领袖元好问与村中冯氏五世祖冯大来（节度副使）交往深厚而常来阳泉游览，留下《阳泉西谷》等许多脍炙人口的诗篇。明清时期由于大阳泉地处交通要道，经济、文化迅速繁荣，因此声名远播。

如今穿过繁华都市街道走进村里，透过那店铺错落的古商业街、井然有序的大街小巷、迎风昂首的郁郁古槐、建筑精美的深宅大院、雕梁画栋的庙堂宫阁、享誉中外的清代鸿儒张穆故居及晋商名号"魁盛号"，依然能够领略到古村深厚的文化底蕴、生生不息的文明根脉、明清晋商称雄百年的辉煌业绩和古代建筑的艺术魅力。

1	
2	3

1 "景元堂"土地龛
2 "正元堂"二门左侧门枕石及碱角石
3 "正元堂"二门右侧门枕石及碱角石

大阳泉村是保存较完整的古村落。古村历史遗存内容丰富，有完整的古街巷体系，晋商堂号、古店铺、古民居、古庙宇、古祠堂、古戏台、古公益学堂、古阁楼、古树名木等具有深厚文化内涵和很高的艺术科研价值。

1 | 1 "正元堂"鸟瞰
2 | 2 东阁

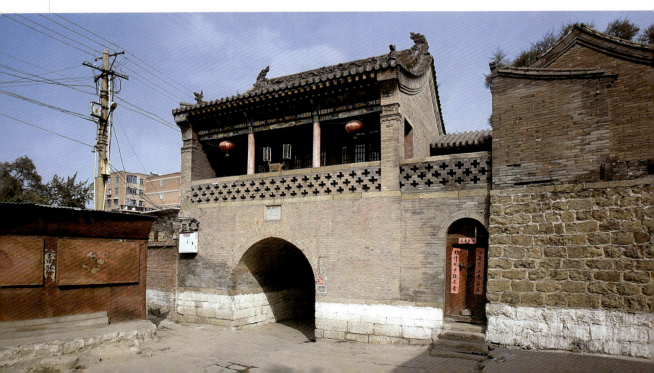

1	2	3
4	5	6

1 墀头下碱角之一　　4 墀头下碱角之四

2 墀头下碱角之二　　5 墀头下碱角之五

3 墀头下碱角之三　　6 墀头下碱角之六

山西国家级历史文化　■　名／村／名／镇

张穆故居，也称"阳泉山庄"、"张宅花园"，是清代著名爱国思想家、地理学家、书法家、编辑大家张穆及其祖父张佩芳、父亲张敦颐三代名人的故居。坐落在村南部，宅院坐北朝南，背靠阳泉古街。张穆故居原是一座东西两串四进大院，由于年久失修，现保存下来的仅有东院的三进。现存主要建筑由照壁、门楼、带檐廊卷棚式房屋、双脊悬山顶垂花门等组成。三进院屋前清代种植的牡丹、芍药至今依然繁花似锦。

"魁盛号"是清代晋商鼎盛时期的著名商号，由郗占魁创立，世袭五代，绵延180余年。业主发挥当地煤铁资源优势、励精图治、锐意进取，以冶起家，通货四方。当年仅华北、东北一带挂"魁"字的商行就有36座，堂、馆、店、铺200余家，鼎盛时超过360家，雇员3000多人，总资产达白银3000万两。当时常与日、俄和西方诸国通商。今大阳泉村内，留有魁盛号庄园，分为上号、下号两处，总面积3公顷之多。庄园建筑精美，恢宏壮观。其中上号院为"魁"字总号，人称"元宝宅"。规模宏大，三雕精美，以雄伟著称。下号院（景元堂、正元堂、景义堂、大生堂）以精美闻名。饱览全景，足见当年商贾之"魁"，聚财之"盛"。

街道

大阳泉村中有"彗愉楼"和"遏云楼"两座戏台。彗愉楼在村中心广育祠南面，卷棚垂脊悬山顶，外廊简单，风格古朴，斗拱硕大，戏台石柱头上有一副传说是傅山先生书写的戏台联："切莫认真转眼荣华空闹热，也休作假动人忠孝可兴观。"联名和楼名说出了戏如人生的真谛。遏云楼在五龙宫对面，道光三年（1823年）建成。遏云楼顶部结构广集古建筑造型于一体，前台卷棚、后台硬山、出檐悬山、补间歇山飞檐攒尖、重檐下雕梁画栋，精彩绝伦。整座戏台巍峨壮观，富丽堂皇。

五龙宫戏台遏云楼

如今大阳泉村不断投资，陆续对古建筑进行修缮，对古街巷进行修葺，古村的整体骨架和重点建筑得到有效保护。村里还专门设立机构，对古村的历史内涵和文物古迹进行挖掘整理。人们欣喜地看到，在这个以煤为主的现代城市当中，这座千年古村落正焕发出新的生机。

"景元堂"高房院

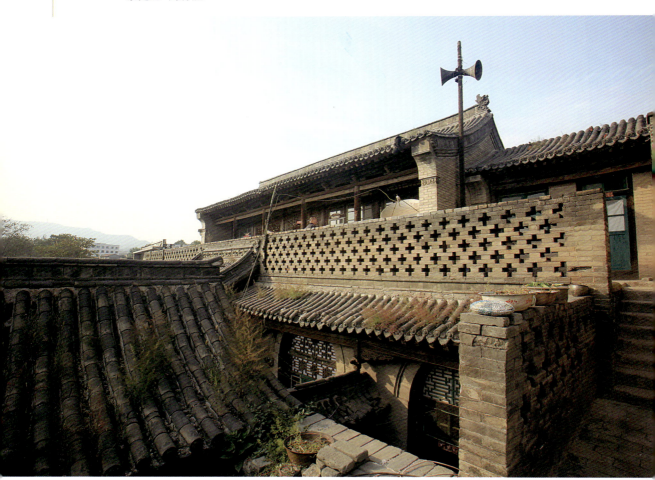

东槐

	5
	4
1	2	3

1 古井和水槽

2 西槐

3 "景元堂"二门雀替

4 张穆故居屋内基本保持原状

5 大门雀替

1 | 1 张穆故居第三进院落
2 | 2 郗氏家族所建魁盛号大院

1 | 1 大阳泉村池塘
2 | 2 正元堂主人院

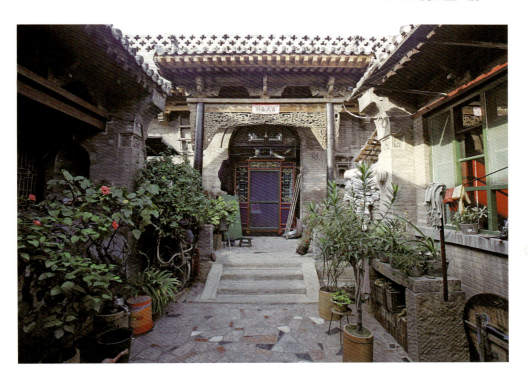

张穆故居二进院落垂花门

资 讯

1. **交通**：大阳泉距市区只有一岗之隔，从政府广场向西南行走过大阳坡，约行 1.5 公里，就步入大阳泉村。

2. **住宿**：阳泉市。

3. **吃**：阳泉市。

4. **门票**：无

开放时间：全天

5. **联系电话**：0353－2160060（镇政府）

晋城市

JIN CHENG SHI

康熙皇帝老师故里
——皇城村

　　阳城县北留镇皇城村，原名郭峪中道庄，是清代名相、《康熙字典》的总阅官、文渊阁大学士、康熙皇帝的老师陈廷敬的故居。因为康熙皇帝曾两次驾临而改称皇城村。陈廷敬晚号午亭，所以，"午亭山村"是它的别称。"皇城相府"之名则是旅游开发的产物。

　　皇城相府是一座城堡式古代官宦家居建筑群，开城门九座，城墙总长1700米，城墙平均高12米，大型院落16座，各种房屋640间，总建筑面积近4万平方米。皇城相府又分为内城和外城，分别建于明、清两个朝代。

"冢宰总宪"牌坊

1 ｜ 1 午壁林泉门
2 ｜ 2 内城

1 | 1 悬山顶垂花门楼
2 | 2 院落一

陈廷敬像

　　内城"斗筑居"始建于明崇祯五年（1638年），为陈廷敬伯父陈昌言为避战乱而建，东西相距72米，南北相距162米，设五门，墙头遍设垛口。内城建筑分祠庙、民宅和官邸三类，风格迥异。祠庙建筑有陈氏宗祠，民居有世德居、树德居和麒麟院，官宦私邸有容山公府和御史府等。世德院为陈廷敬出生地。河山楼和藏兵洞为其标志性建筑。河山楼，高23米，共分七层，层间有墙内梯道或木梯相通，底层深入地下，备有水井、石磨等生活设施。并有暗道通往城外，是战乱时族人避敌藏身之处。藏兵洞分五层，共125孔窑洞，远望蔚为壮观。

院落二

外城"中道庄"紧依内城西墙而筑，基本呈正方形，由陈廷敬主持修建，完工于康熙四十二年（1703年）外城内主要建筑为冢宰第、大学士第，配套建筑有书房、花园、小姐院及管家院。相府大门外一大一小两座功德石牌坊，坊上铭刻着陈氏家族"德积一门九进士、恩荣三世六翰林"之功德。

御书楼位于中道庄西门，是陈廷敬三子陈壮履为炫耀其陈家皇恩浩荡而特建。现楼内康熙御赐的"午亭山

1 | 1 门上的雕花和帘架
2 | 2 大学士第

村"匾额及对联"春归乔木浓荫茂，秋到黄花晚节香"保存完好。

皇城相府积淀着厚重的文化底蕴，明清两朝陈氏家族在中国科举史、文化史上出类拔萃创造了奇迹，被称为"中国北方第一文化巨族"。陈廷敬是这一家族的杰出代表。顺治十五年，年仅20岁的陈廷敬考中进士，成为康熙皇帝的老师。此后54年间，陈廷敬平步青云，先后封官晋爵

1 | 1 牌坊和影壁
2 | 2 点翰堂

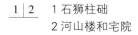

1｜2　1 石狮柱础
　　　2 河山楼和宅院

28 次，历任除兵部以外的其他五部侍郎、尚书。辅佐康熙 51 年。他还负责主持编纂了《康熙字典》。陈廷敬一生备极荣恩，康熙皇帝称其为"全人"。

　　另外在皇城相府城墙以南还有南书院、花园、状元桥、飞鱼阁等建筑，占地 1 万余平方米。陈廷敬墓地"紫云阡"，主要建筑有石牌坊、御书挽诗碑亭、甬道碑等，占地 1.6 万平方米。

　　如今的皇城相府每日里游人如织，络绎不绝。

资　讯

　　1. **交通：** 晋城市乘晋城至皇城村的旅游公交，可直达皇城相府。

　　自驾车：晋阳（晋城至阳城）高速在北留出口下，左转行驶 2 公里抵达皇城相府。

　　2. **住宿：** 非常方便。从农家乐到星级宾馆都有。

　　3. **吃：** 皇城相府周边酒家、餐馆众多。

　　4. **门票：** 全票 100 元；残疾人票 60-70 元；老人票、学生票：50 元；现役军人、70 岁以上老人免票。

　　开放时间： 8：00-18：30（夏季）8：00-18：00（秋季）

　　5. **联系电话：** 0356-4858228

固若金汤"蜂窝城"
——郭峪村

　　阳城县北留镇郭峪村，是一座城堡式村落。堡内是独具特色的古代建筑群，被专家赞誉为"中国乡村第一城"。

　　郭峪村历史久远，据说最早是因姓氏命名。今天海会寺（距离郭峪三公里）唐代徐纶于乾宁元年（894年）所著的《龙泉寺禅院记》中记载："东临郭社之

汤帝庙山门

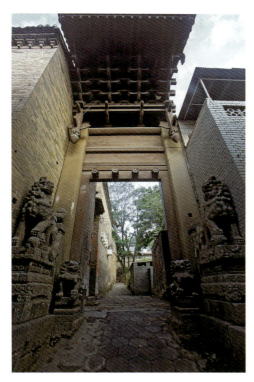

1 | 1 街道
2 | 2 高高的门楼

末，前据金谷之垠。既名额以来，标称郭谷。"可见，早在唐代昭宗时，这里已有郭姓的村庄。郭峪的行政建制在明代为里，清代初为郭峪镇。民国六年（1917年）始称郭峪村。

现在的郭峪城是明崇祯十一年（1638年）为了防御流寇和农民起义军而修建的。城墙堡呈东西窄南北长的不规则形状，高12米，阔5.3米，城周1400米。设东、北、西城门3座，另有东水门1座、敌楼10座。郭峪城的城墙上，开凿有三层六百余眼窑洞，居住与防守功能兼而有之，郭峪城墙因而也被形象地称为"蜂窝城墙"。

远眺豫楼

　　汤帝庙是村里最古老的建筑。位于郭峪城西门内，始建于元朝至正年间，迄今六百多年。后经明清几次修葺，现在保存完好。门楼上的挑角戏台高约十五米，元代风格，戏台两侧还建有角楼，堪称古建精品。汤帝庙通脊正殿面阔九间，如此规模在全国也属罕见。

　　豫楼是郭峪村的标志性建筑，位于村子中央，建于明崇祯十三年（1640年），和郭峪城同为防御农民起义军的军事建筑。楼长15米，宽7.5米，高30米，七层建筑。底层墙厚2米，随楼层递高逐级递缩，直至第七层，墙厚0.8米。楼内战守器械，应有尽有，生活设施一应俱全。登上楼顶，全城内外形势"了若指掌"，一旦战火燃烧，这里是堡中之堡。

郭峪村自古以来经济繁荣，文风鼎盛，由唐至清，村内考取功名者多达八十余人，民间有"金谷十里长，才子出郭峪"的美誉。特别是明清两朝，包括陈氏家族在内，这个小村一共产生了十五位进士、十八位举人，也出现过一门四进士的科举世家和担任侍郎等职的官宦人家。一个几百户人家的山村，有如此众多的显赫人物，可见当时人文之鼎盛。他们各自都为自家建起了象征身份、地位、财富、价值的宅院。

1
2

1 老狮院大门
2 豫楼

1	
2	3

1 院落

2 王维时故居影壁

3 影壁

郭峪现存明清古院落 40 多座，房屋 1000 多间。其中明代院落有十几座，其余为清代院落。这些院落门楼多呈高挑牌标式，斗拱层叠，样式华丽，等级很高。民居多为四合院，为北方典型的"四大八小"格式。其中最有代表性的古宅是"德积一门九进士，恩荣三世六翰林"的陈氏九代祖居"西都世泽"、"容安宅"等陈氏十二宅和"老狮院"，被称为"科第世家"祖孙三代三进士居住的"小狮院"，以及"兵垣都谏"、"祖孙兄弟科甲"的张家大院和侍郎寨，另外还有豪商巨贾王重新叔侄居住的王家十三院。"老狮院"名气最大，是康熙皇帝的老师陈廷敬的祖居，门楣上多达三层的木制匾额间书写着陈氏家族过去的辉煌与荣耀，青青的石条台阶、被岁月冲刷成黑灰色的门柱与斗拱记载着陈氏家族的沧桑。

徜徉在这烙着传统文化印迹的千年古村，行走于乡间民居错落的老街，穿行在一个个古朴典雅的院落，细细品味乡村古韵，静静享受老屋精致生活，想象着主人昔日荣耀，用心体会古村古老的风情，你会渐渐忘却时光的流逝。

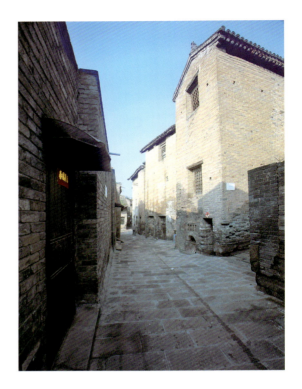

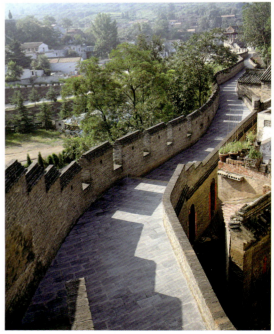

1 | 1 巷道
2 | 2 蜿蜒曲折的城墙

丁字路口的店铺和申明亭

资　讯

　　1. **交通**：晋城市乘晋城至皇
城村的旅游公交，可直达。
　　自驾车：晋阳（晋城至阳城）
高速在北留出口下，左转行驶抵
达。
　　2. **住宿**：到附近的皇城相府。
　　3. **吃**：皇城相府周边酒家、
餐馆众多。
　　4. **门票**：20元
　　5. **联系电话**：0356-3289825

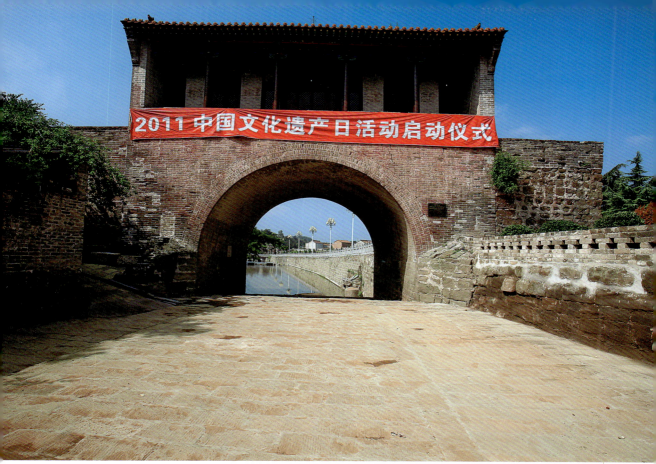

村西口永宁闸

天官故里
——上庄村

  阳城县润城镇上庄村位于县城东北的可乐山下，是一个群山环绕、溪水穿行、风景优美，以明清官宅建筑为主的古村落。是号称"天官"的明朝重臣王国光的故里。

  上庄村至今约有 600 年历史。根据清同治《阳城县志》、村中碑文、《王氏正派谱序》及村中历史建筑推断，村落格局形成于明初。

  上庄村内最低处是"水街"，一条源于樊山的小溪经街流过入庄河。街道由

1 | 1 门洞式门楼
2 | 2 鸟瞰院落群

条石铺筑而成，平时是街道，下雨时就成了河道。河两岸是紫砂岩砌成的堤坝，明清两代留存的青砖瓦舍沿溪而建，颇有几分江南水乡的风味，更有数座看家楼堡拔地而起，为山村增添了几多威风。现在村中保存基本完好的古宅院有四十余处，体现了明、清、民国等不同时期的建筑风貌。民居主要有尚书府、秦家楼、书房院、赵家园、司徒第、王氏祠堂、进士第、河边院、望月楼、参政府、厅房院、仰山居、樊家庄园等。另外村中还有庵庙、永宁闸等公共建筑。

上庄村入口处的永宁闸是上庄村标志性建筑之一，始建于明初，距今已有五百多年历史，整体砖木结构，下面砖拱跨度达 7.35 米，闸上建永宁阁。其建筑风格集风水、水利、风景、宗教、文化于一身，达到了实用功能与建筑艺术的完美统一。村中水街中部有一滚水泉至今日夜流淌，冬暖夏凉。老百姓想吃泉水就在石砌的"井"里挑，洗衣服就在泉水溢出的下游洗。炉峰庵俗称"南庵"，因位于村南香炉峰半山腰而得名，占地面积 1500 平方米。庵依山而建，分东西两部分。西部关帝殿、拜亭、戏台等为清代建筑。东部村民称为"下院"。大部分建筑均为明代建筑，有高禖殿、文昌阁、夫子殿、三教堂、十八罗汉殿及钟鼓楼等建筑。庵外，植于明代的古白皮松东、南、西三面环绕，枝叶繁茂。

院落

山西国家级历史文化 ■ 名／村／名／镇

双插花楼

民居中具有代表性的有以下几处：

尚书第是王国光故居，占地面积 4000 平方米。于万历元年至万历三年（1573—1575 年）修建，是"棋盘四院式"的住所，现存西院包括前厅"达尊堂"和后宅"听泉居"两部分。听泉居整个建筑一改传统的主房高、侧房低的建筑惯例，而采用侧房高挑而主房偏低的被称作"状元帽"式的建筑风格，别具特

1 | 1 炉峰院献殿梁架结构
2 | 2 炉峰院，俗称南庵庙

色。阳台式的楼阁融进了南方的建筑特色。

参政府由厅房院、务本堂、仰山居、王氏祠堂和书房院五部分组成，为王国光之孙王征俊所建。建于明末，所有建筑高大厚重，内部水井、碾磨等生活设施一应俱全，并有地道与村外相通，极具防御特征。

1	1 樊家后院看家楼
2	2 樊家花园内景
3	3 樊圃院入口

1 | 1 街道旁的泉水
2 | 2 据专家初步考证元代民居

　　司马第是村内现存格局最完整的棋盘四院。由龙章院和老门里两处四合院组成，龙章院为王国光祖居之所，现保存有东西两处院落，西院北房三间两层，东院阁楼四层两间。老门里位于龙章院之后侧，为明嘉靖丙午科举人，曾任户部陕西清吏司郎中的王国光的堂兄王道所建。院内主体建筑过厅前有方形月台一座，

1 | 1 室内陈设
2 | 2 街道、水井、
　　　碾子、石磨

台之下部分别刻有"狮滚绣球"等精美石雕，极具艺术价值，为明代遗物。院内至今尚有明代栽植的古腊梅树一株，枝繁叶茂。

　　中西合璧的樊家庄园、花园，内容丰富，规模庞大，由五座"四大八小"宅院，及祠堂、花园、草房院组成。

1 | 1 水街
2 | 2 望月楼

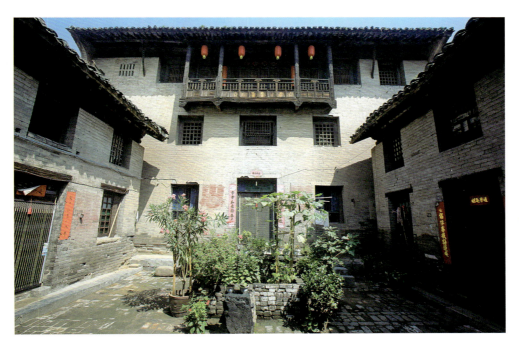

新院及樊氏宗祠的主入口

　　上庄村自古以来就有文化之乡的美誉，从明代中叶至清初的百余年里，这里共涌现出了五位进士，五位举人，贡生、秀才等有上百人之多。他们中的代表人物是明代杰出的政治家、改革家、吏部尚书王国光。王国光字汝观，号疏庵，明嘉靖二十三年进士。入官场，历世宗、穆宗、神宗三帝，官至刑部、吏部尚书，几进几退，从事政治活动四十年，对明王朝的"万历中兴"起到了积极的促进作用。

资　讯

　　1. 交通：晋城市乘晋城至皇城村的旅游公交，可直达皇城相府。再租车前往。

　　自驾车：晋阳（晋城至阳城）高速在北留出口下，左转行驶2公里抵达皇城相府再前往。

　　2. 住宿：可到阳城县城或皇城相府住宿。

　　3. 吃：村中有小饭店。

　　4. 门票：无

　　开放时间：全天

　　5. 联系电话：0356-4819353

　　6. 周边景区：海会寺　皇城相府　砥洎城　郭峪古城堡

袖珍古城砥洎城
——润城镇

　　阳城县润城镇历来是阳城县的商业繁荣、文风鼎盛之地。润城镇因保存有一座袖珍古城砥洎城而闻名。

　　砥洎城创建于何时现已无从考证。现存的砥洎城建于明代。据明户部尚书张慎言《明故承德郎大兴县知县贲闻杨公及元配赠安人王氏合葬墓志》记载："壬

藏兵洞,城外就是沁河

申、癸酉，经流寇之变，杀掠殊惨，里西北偏高阜，三面濒河，公相度高下，量广得若干亩，计亩敛直费数千金，筑砥洎城，屹然金汤，此不朽之功也。"可知砥洎城落成于明崇祯十一年，主持修建者为时任北京大兴知县的润城人杨朴，字贲闻。

砥洎城位于润城镇西北隅，当地百姓俗称为"寨上"。城堡建筑在一座小山咀上，其南接村镇，北临沁河，三面环水，呈半岛状。沁河古称"洎水"。远望其城，坚如磐石的砥柱挺立中流，故名砥洎城。现在城内保留有刻于明崇祯十一年的"山城一览"碑刻，为砥洎城建筑规划平面图，详细地标注有城内建筑和巷道。这块碑刻现存于一居民家中。

砥洎城平面呈椭圆形，占地 37000 平方米，周长 704 米。砖砌，南面起于地面的城墙，高约 10 米。临河城墙从河边筑起，高约 20 余米。砥洎城共开两门，城南为旱门，城北为水门。南门额书"砥洎城"，为城内居民出入之通道。城北沿城墙设石梯，沿梯而下可通水门乘舟而行。城内道路规则，城周筑环城路，其余均为住宅巷道，各种设施齐备。砥洎城的城墙极富特色，润城镇冶铁业发达，冶铁后废弃的坩埚又为城墙的主要建筑材料，既坚固耐久，又降

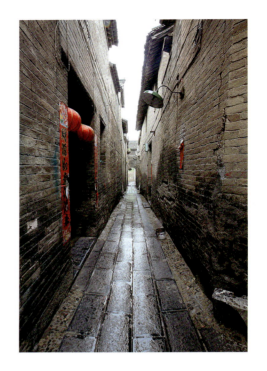

1 | 1 街巷
2 | 2 上下城墙的石阶

砥洎城城门

低了成本。砥洎城外侧包以青砖，与其他城墙如出一辙，而从城墙内侧，则可以清晰看到坩埚与石条混彻的特殊结构，那密密麻麻、整整齐齐排列的坩埚，使人感觉这儿才是真正的"蜂窝城墙"。

砥洎城类似于古代城市建制的规划，城墙底的环城道路和街巷将城内民居分隔为十个街坊。街巷狭窄悠长，四通八达，主要巷口设有巷门，坊与坊之间又通过横跨巷道的过街楼连接。坊间的蛛网小巷将民居分隔为一个个大大小小的院落。由于地盘局限，城内院落建筑密集高大，街道显得尤为狭窄、幽邃。城内街道皆为"丁"字状，大大小小的"丁"字街又与四周环城路相连。熟悉地理的人

出入方便，四通八达。但陌生人入内常常迷失方向，百折迂回。随着时间的流逝，原有的空间划分与所属关系已逐步改变，街坊的划分失去了原有的意义，很多街坊的名字也被人淡忘，走在今天的砥泊城中，原有的十坊只剩下"世泽坊"这唯一一块匾额。

	1	1 城墙与民居间的环城道路
2	3	2 房屋建在高高的石基上
		3 坩埚修筑的城墙坚固耐久

砥洎城中的民居多为明末建筑，为传统的木结构，典型的晋东南地区民居的建筑风格，以两层楼阁式建筑为主，三层建筑也不少见，每层均有明廊。这些院落布局严谨，整体和谐，宁静优雅。最特别的是街巷上面的"过街楼"。这个独特的"过街楼"相互连接每一个小院，使空间也成了交通要道。突破了四合院单一独立的特点，既独立，又相连。可互通信息、秘密交往、俯视街景、视战事情况而迅速转移。这种和平生活与战争状态相结合的民房

1	
2	3

1 过街楼
2 大门就开在狭窄的街巷里
3 "世泽坊"过街楼

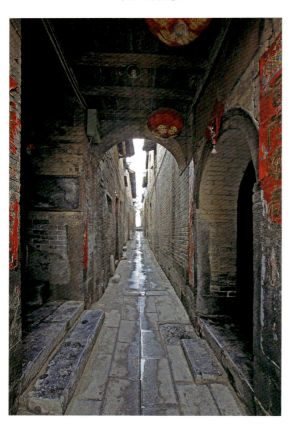

民居院落

建筑十分罕见。城中保存较好的民居有张敦仁故居、"鸿胪第"等 30 余处院落。张敦仁故居规模并不大，主体建筑为三层阁楼式民居，顶层一侧还建有望楼一座，这是砥洎城目前最高的建筑，成为砥洎城的一个标志。"有恒居"是另一处保存完好并富有特色的院落，这座四合院为明代商人修建，以木石建筑工艺精细，四梁八柱、四门八窗为特色。

1 | 2　张敦仁故居"鸿胪第"
　　　张瑃宅院

砥洎城"一城三进士"，官做得最大的是陕西巡抚张瑃，学术成就最高的是张敦仁。张敦仁，乾隆四十年进士，当时年仅二十岁，以后为官江南，多有政绩，史书亦有记载。但这只是他人生价值的一个方面，张敦仁的价值更体现在学术领域，除了历史、文学等方面的造诣，他是清代数学领域成就最大的学者之一，很多著作在介绍到他时，都称之为"著名数学家"。

袖珍小城砥洎城虽然城小，街巷窄，院落小，但它的历史文化价值却不小。

资　讯

1. **交通**：乘坐从晋城到阳城的长途汽车在润城镇下车，步行即到。

2. **住宿**：润城镇食宿条件不佳，如果在这方面有要求的话，可以住在阳城县或晋城市。

3. **吃**：小饭店

4. **门票**：无

开放时间：全天

5. **联系电话**：晋城市旅游文物局　0356-2057555

6. **周边景区**：皇城相府　郭峪古村　蟒河　海会寺　白马寺

柳宗元后裔聚居地
——西文兴村

　　沁水县土沃乡西文兴村，位于群山环抱、峰峦叠嶂的历山腹地。这里是我国唐代著名政治家、文学家柳宗元后裔聚居地。

　　西文兴村是一个至今只有 56 户人家，220 余口人的小山村。除了五户杂姓外，其余都姓柳。西文兴村柳氏与唐代大文学家、大政治家柳宗元是同祖同宗。

柳氏民居外景

柳氏民居现存的"河东世泽"、"司马第"两块门匾和《柳氏族谱》中"柳氏出鲁，居河东……百世书香传家，唐为尤盛……唐末始祖遵训自河东徙沁历，旧家翼关，永乐居沁文兴"，以及村内关帝庙碑文中"关帝与吾同乡"、"念祖怀乡"等记载均可佐证柳氏民居系柳宗元后代住所。

从族谱可知柳氏家族东迁以来，先是居住在翼城县南关，后才定居在沁水县西文兴村。据柳氏后裔柳春芳墓志铭所载："始祖琛，是由翼城县迁沁历之西文兴村"，知柳琛是西文兴柳氏明初始祖。柳家沉寂了500多年之后，到了明代永乐四年，柳氏后人柳琛殿试三甲，治文赐同进士出身，至此柳氏又重新复兴起来。通过"学而优则仕"的途径，重新步入官场。明清两代柳氏家族有文、武状元各1人，举人6人，使人们对河东柳氏再次刮目相看。柳琛为光宗耀祖，在西文兴村大兴土木，一直到沁水柳氏六世世代多人通过科举走入仕途，不断在西文兴村陆续修建，直到明隆庆四年才建造成了规模宏大、门庭森严的一进十三院府邸。然而到明末崇祯年间因天灾与兵祸，西文兴村遭到破坏。不过，到了乾隆年

院落一

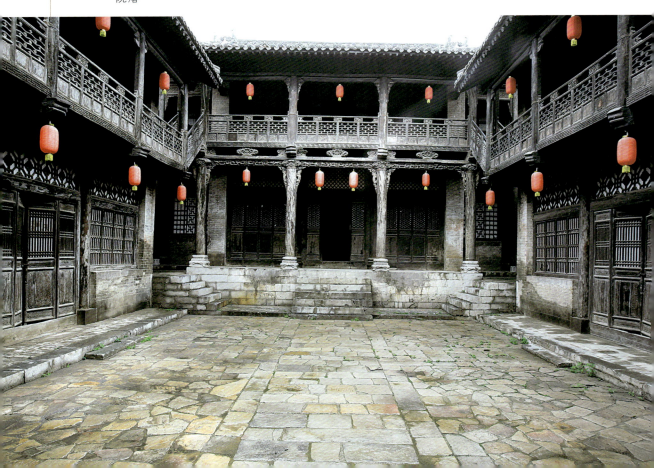

中宪第大门

间，柳氏再次兴旺起来，此间柳家出了两位理财大师——柳春芳和柳茂中，父子二人靠经营盐业和典当业发家。西文兴村又一次得到兴盛。

由于历史、自然等诸多原因，柳氏民居原建筑已部分塌毁，现存有关帝庙、文昌阁、魁星楼、永庆门、"丹桂传芳"牌坊、"青云接武"牌坊和6个完整院落（中宪第、司马第、河东世泽、行邀天宠、香泛柳下、磐石长安）。这些院落建筑形制大致相仿，皆为四合院式，院门偏于一角。完整宅第的大门均有牌楼装饰和石狮石鼓相镇。院内东、西、南、北四面为两层楼阁式建筑。其中正房为高阶台，宽走廊。每院四角又另有一小院，房屋两间。这种建筑形制俗称"四大八小式"。给人印象深刻的是这些院落大门高大，门头上的斗拱层层相叠、美不胜收。

在柳氏民居信步漫游，你会被那无处不在的木雕石刻所吸引。每一道门楣、雀替、窗棂、栏杆、飞檐，每一块裙板、匾额，每一根梁枋，每一级斗拱，无不雕刻着精美的纹饰。其中仅窗花图案就达 40 余种，故事木雕板块百余方，构栏、华板、裙板近千，且图案几乎没有雷同者。柳氏民居的木雕工艺高超，题材多样，内容丰富，构图缜密，寓意深刻，种类繁多，布局合理，体现着柳氏家族的审美情趣和价值观念。柳氏民居的石雕有上千处之多，其中最精美的是那上百个石狮。这些石狮千姿百态，形态逼真，栩栩如生，工艺水平令人叹为观止。如石牌坊上的八只教化石狮，每一只都有着不同的文化内涵和寓意。

更让人叹为观止的是柳氏民居还是一个艺术的殿堂。有宋代理学家朱熹的书法碑一通，明代文学家王阳明的书法碑二通，明代曲江书法家方元焕的草书碑刻四通，明户部侍郎、吏部尚书、可乐山人王国光诗作碑刻一通，明代内阁协办大学士田宜奄的诗作碑刻二通，宁海知州柳柳泉的碑刻二通，明代大书画家文徵明

1 | 2　　1 青云接武石牌坊
　　　　2 嵌在墙壁上的箴言碑

的书法碑一通，郑观洛的书法碑一通。更让人称绝的是在这里发现了被誉为"画圣"的唐代名画家吴道子和一代山水画宗师荆浩的三通画碑。另外，还有未署名的书法碑 40 余通，以及不少的石、木刻楹联、壁画、皇家赐匾等文物。让人不解的是这个偏远的小村落何以保留了那么多的艺术精品，那些名人丹青、大家墨宝、家训碑碣、精美画碑，无不让人惊叹。

柳氏民居集南北风韵于一体的明清文化奇观，在研究我国北方人文历史、古建筑史、文化、艺术、书法等方面具有很高的价值。这里至今还生活着柳氏后人，是研究三晋名门望族的"活化石"。

永庆门

文昌阁

行邀天宠大门

司马第大门

1 | 1 楼栏
2 | 2 清洁传芳大门

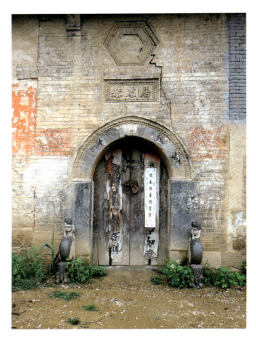

 1 雀替
2 居处恭大门
3 关帝庙

堂构攸昭大门

堂构攸昭

"行邀天宠"大门挂落

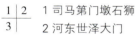

1 司马第门墩石狮
2 河东世泽大门
3 院落二

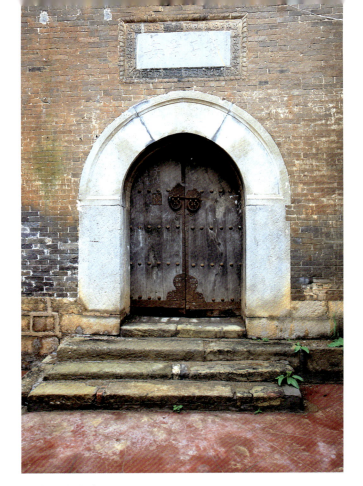

磐石长安大门

资　讯

1. **交通**：沁水县城到土沃乡有公交车，土沃乡到西文兴村6公里需租车前往。

2. **住宿**：不便。

3. **吃**：村民家中。

4. **门票**：50元

开放时间：7：00-19：00

5. **联系电话**：0356-7050398

6. **风味小吃**：晋城炒凉粉　沁水炒小米　和子饭

传奇的"夫人城"
——窦庄

沁水县嘉丰镇窦庄村，是一个富有传奇色彩的村庄。

窦庄的故事总是和女人联系在一起的。从东汉的沁水公主、窦皇后，到宋朝的肃穆夫人、明朝末年的霍氏夫人，这里无不被女性的色彩渲染着、萦绕着。"夫人城"的称谓也因此而更加悠远、神秘。

村中佛庙

窦庄村历史悠久。窦庄最早的主人是窦氏。《后汉书》上记载的与沁水公主、窦皇后密切相关的"窦宪还田"的典故就发生在窦庄。窦庄村《窦氏家谱》记载："吾氏家乘，自汉讳广国至宋讳璘，始祖而上，原祖贯本扶风平陵韩所，谱者，皆扶风平陵人也。自不为无考，然而远矣。即所载汉（沂）国公，因宦不返，流寓河东泽州端氏县窦庄村。讳贞固者，今亦无考，唯村西及卧牛山下碑碣翁仲等岿然而存者，为三大将军墓，则吾氏奉讳勋祖为始祖，固于礼为甚洽也。"

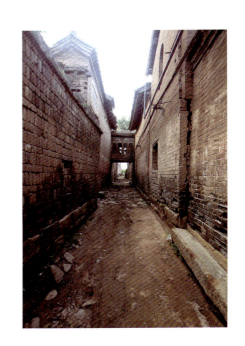

1 过街楼
2 藏宝楼

1	2
3	

1 雕刻在柱础上的青蛙
2 雕刻在柱础上的猫咪
3 张氏宅院

据古代文献记载，远在北宋之前，窦氏已迁入沁水端氏。窦庄村西窦将军墓，存有清代康熙年间窦斯在撰写的《窦将军墓碑》记载：窦庄"始祖讳璘，字廷玉，宋哲宗朝以女肃穆夫人贵，赠左屯卫大将，配祖姚罗氏，赠宜春郡太君。初居本县端氏镇，后赐葬于此，子孙依家而居，遂家焉。"由此可知端氏窦璘有女被宋哲宗纳为妃子，窦氏因此兴盛荣耀，在朝为官者几十人，逐渐成为当地显贵。窦璘死后，宋哲宗亲赐墓地于沁水卧牛山下，窦家为守墓而筑庐，世代居住了下来，便形成了窦庄。据光绪《沁水县志》，在仕途方面，窦氏甲科绵延至清不绝。宋代以来窦氏共有 2 人中进士，12 人中举人，另有 1 人中武举。

1 | 1 尚书府下宅门楼
2 | 2 南城门

　　窦氏是窦庄最早的主人，然而真正使窦庄扬名天下的，却是窦庄的张氏家族。在宋朝时，张家只是当地的土族庶民，是窦家的守墓人。斗转星移，世代更迭，到了明代，张氏家族自万历二十年（1592年）张五典中进士入仕后，书香传家，一时人才辈出，十代不衰。其势力已经超过了窦氏家族。据光绪《沁水县志》，明清两代窦庄张氏有 6 人中进士，15 人中举人。

窦庄是沁河流域现存古堡中最早的一座。有史可考的窦庄城，最初修建于北宋末年。现存的窦庄古城，为明朝万历二十年（1592 年）进士、天启年间大理寺卿、兵部尚书张五典所修。《明史·传》说"五典度海内将乱，筑所居窦庄为堡，甚坚。"窦庄从明朝天启三年（1623 年）开始修建，到崇祯三年（1630 年）竣工，共用了 7 年时间才完成。当时的窦庄内外两城，九门九关，留下了"天下庄，数窦庄，窦庄是个小北京"的民谣。

1 | 1 南花园
2 | 2 张氏九院"寅宾"大门及防御门楼

1 | 1 旗杆院"笃实辉光"门楼
2 | 2 贾氏大院祠堂影壁

```
1 | 2    1 祠堂大门
——————    2 北门阁楼
  3        3 世进士第
```

　　就在窦庄城建好的第二年，明崇祯四年五月，张献忠与王嘉胤率农民起义军从陕西杀入山西。此时的窦家，张五典已经去世，儿子张铨殉国。儿孙们在外为官，家里只有张铨的妻子霍氏当家。族人请霍氏远走避难，霍氏夫人说："避贼而出，家不保；出而遇贼，身更不保。不如盍死于家。"夫人将庄中男女组织起来，组成护庄兵丁，日夜习武，看守庄园。六月，王自用率起义军攻打窦庄。霍氏夫人率僮仆家丁坚守城池，抗击流寇。农民军攻打四昼夜，终于不克而去。第二年农民军又两次攻打窦庄，均未遂。《明史》记载：泽潞各州县除了窦庄小小的城堡外，俱为义军攻下。《明史·烈女传》记载：明兵备道王肇生上疏褒扬"窦庄城"为"夫人城"。皇帝还亲赐御笔"燕桂传芳"。

现在窦庄保存较完好的建筑有尚书府、上下宅、九宅院、旗杆院、武魁院、常家大院、古公堂等10多个明清院落和佛庙、观音堂、三圣阁、五凤楼、耕读院和南花园等。这些院落建筑成为承载窦庄历史的重要标志。

资　讯

1. **交通**：乘沁水县城到嘉峰（加丰）镇的公交车，到了窦庄下车即可。

2. **住宿**：不便。

3. **吃**：不便。

4. **门票**：无

开放时间：全天

5. **联系电话**：0356-7028386（县旅游局）

湘峪古堡全景

"三都古城"
——湘峪村

　　沁水县郑村乡湘峪村，原名相谷村，过去只有几十户人家。村子耸立在石头悬崖边上。

　　湘峪村创建年代不详。现存古城堡始建于明天启三年（1623 年），竣工于明崇祯七年（1634 年）。城堡的修建由村人孙氏兄弟倡议并由孙鼎相亲自主持，因孙鼎相在兄弟中排行第三，又任过都察院右副都御史，所以湘峪习惯上又被人们称作"三都古城"。

　　湘峪古城堡平面呈不规则的椭圆形，东西长 280 米，南北宽 100~150 米，占地面积约 32500 平方米。古城依山而建，分为内城和外城，内城主要环绕村中民居；外城墙则依山势而建，高 5~25 米，宽 4 米，周长约 760 米。外城辟有东西南三座门。南城墙沿村前湘峪河走向，在岸边悬崖峭壁上用砖石垒砌而成。城墙内部全部被掏空建成了窑洞式藏兵洞，将防御工事、兵营、军需仓库的功能合为

116

一体。它既节省了城墙的建筑材料，缩短了建设周期，同时又增强了防御能力和反击能力。古堡以其极富创造力的设计而成为冷兵器时代城堡建筑的杰出典范，享有"中国北方乡村第一明代古城堡"的美誉。

湘峪是一个杂姓村落。湘峪村在明清之际产生了七位进士，孙居相兄弟就是其中的代表人物。孙家历史上名人、官宦辈出，为村中第一大姓，被誉为"铁面御史"的明朝重臣孙氏三兄弟是湘峪子民的骄傲。"三都上殿，文武打颤"一说，早已在民间流传。历史上罕见的同朝为相三兄弟中，孙居相官至户部尚书，时称"第一清官"。孙可相升到御史都堂，而孙鼎相则官居四部首司。孙居相与孙鼎相《明史》有传。

三都堂窗户

古城一角

1 | 1 院落
2 | 2 "四部首司"大门

　　湘峪村中的建筑规划布局为"棋盘式",东西向三条
大街和南北向九条巷道将其分割有序。因为年代久远和缺
乏维护,现在,古城内"九纵三横"的街巷格局已经很不
明显,但是,中街和一些小巷仍然完整地保留着古朴的风
貌,条石或磨盘石铺路,两侧是一座座紧紧相邻的院落。
街巷两边"四大八小"的双层或高层民宅建筑,均为砖木
结构,历经数百年的风风雨雨,大多保存完好。古色古香
的"四都首司"巨大额匾高悬在三都堂的门上,明万历皇
帝御赐"三世少宰"及"二世清乡"石牌遗迹可寻。村中
古民居保存尚好且具有代表性的主要有:三都堂、双插花
院、帅府、天绘图院、棋盘四院、金鸡院、望景楼、绣
楼、书房院等。

小巷

修葺一新的城堡

1 | 1 层叠的房屋
2 | 2 三都堂

湘峪村古宅，当然首推"三都堂"，这不仅仅是其主人孙鼎相的声望和在村人中举足轻重的历史地位，还由于它本身建筑的独特性。"三都堂"的正房名曰"瞭望楼"，俗称"看家楼"。楼以条石为基础，条石上则通体青砖砌筑，硬山楼顶，共五层，面阔三间，高约 25 米，在整个村中鹤立鸡群。它的垂花门式砖雕装饰拱形楼门及窗子，是湘峪明代古民居的一大特色。

"双插花院"是湘峪村最富特色的院落。北方民居的正房一般高度一致或是中间高、两侧低，但这座竣工于崇祯十一年的院落却打破传统，标新立异，形成中间低、两侧高的奇特外观。该院主楼坐北朝南，院子东北、西北角各建四层高楼一座，而正北中间堂房却只建三层，其外观恰似一顶古代双插花的官帽，寓官运亨通之意，因此便被称为"双插花院"了。

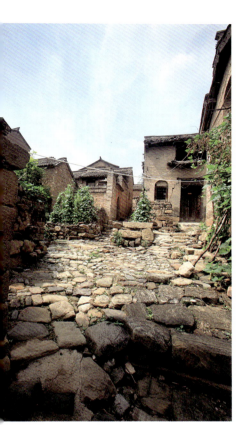

1 | 1 街道
2 | 2 古城旧影

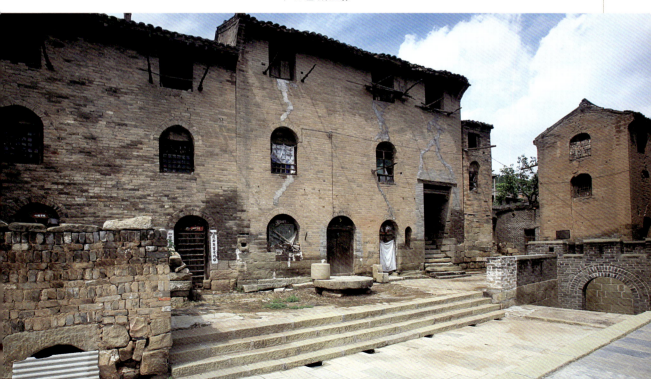

双插花院

湘峪村山环水绕，风景秀丽。在历史的辉煌封存几百年后的今天，它的价值又渐渐被人们发现和重视，村里开始开发旅游，残破的古城堡、湘峪河已经整修治理，相信不久就会重现其往日的美景。

资　讯

1. **交通：**沁水县城有到湘峪的公交车。

2. **住宿：**沁水县城。

3. **吃：**农家。

4. **门票：**无

开放时间：全天

5. **联系电话：**0356-7605816　7605700 村委会

6. **周边景区：**历山　柳氏民居

明清古村落的活化石
——良户

　　高平市原村乡良户村，是一个依山傍水、自然环境优美的古村落。当代著名古村落保护专家、清华大学陈志华教授认为，良户古村落是我国现存明清两代最杰出的太行古村落之一，"堪称我国古村落的活化石"。

玉虚观大殿

院落一

良户是一座有着悠久历史的村庄。相传唐代中叶，郭、田两姓家族在此建村，故古称"两户"。从宋代初年开始，陆续又有王、李、秦、赵、张、高、邵、宋、宁、苏、窦等外姓人家迁居此处，人口不断增加，村落逐渐扩大，至元明时已很具规模，村名也由"两户"改称"良户"。

良户村在历史上文化发达，人才辈出，先后出过 6 名进士，十几名举人。最出名的是清代高平号称"三阁老"之一的田逢吉。田逢吉，字凝之，号沛苍。顺治十二年（1655 年）进士，累官户部左右侍郎、兵部侍郎、都察院左都御史、康熙朝经筵讲官，顺治十五年副考官，康熙九年主考官，巡抚浙江时，为平定清初三藩之乱立下卓越功勋。村内至今留有一副颂赞其历史功绩的对联门匾："名流翰院光留良户，德惠浙江史汇长平"，横额："来骥天南"。

1	1 窗台石雕一
2	2 窗台石雕二
3	3 窗台石雕三
4	4 窗台石雕四
5	5 福禄铺首

山西国家级历史文化 ■ 名／村／名／镇

1 ┃ 1 木雕一
2 ┃ 2 木雕二
3 ┃ 3 福禄祯祥铺首

良户村整个村落选址讲究，三面环山，一面临水。村中主要建筑依自然形势顺势选址，东西长，北高南低。古街幽深，主要街道有后街、西街、东街、太平街等，街道多数是沙石铺砌，两旁古宅院鳞次栉比，门楼显赫，古匾斑驳，保存较好的有上百处。村中还有玉虚观、大王庙、关帝庙、汤王庙等古庙宇建筑多处。良户村古建筑"三雕"精美。特别是村内随处可见的窗台石、门槛石，无不雕有动物、花卉图案，可谓一绝。

村内民居保存较好的有蟠龙寨、复始第院、室接青云院、安贞吉院、郭家双进士院、高家院、邵家院、当铺院等。这些院落建造华丽，特别是大门铺首制作精美，寓意深刻。最具特色的是各个院落的门墩石、门槛、窗台石等。

1 | 2　　1 魁星楼
　　　　 2 国朝军工院种玉厅、连璧坊

村里最有名的建筑是位于村东北的高
冈上的蟠龙寨，村民称之为"寨上"。蟠龙
寨始建于明代，清康熙年间建成，是一组
规模宏大的城堡式防御性明清建筑群，城
内保存有十多座院落。寨内最主要建筑是
侍郎府。侍郎府位于蟠龙寨的正前方，是
田逢吉的私邸，也叫田府，坐北朝南，一
进四院。雄伟高大的侍郎府，高门大户，
斗拱十余层，巨大精美的砖雕麒麟照壁使
院落尽显雍容华贵，富丽堂皇。

1
2	3

1 侍郎府后院堂楼
2 蟠龙寨寨门
3 侍郎府影壁

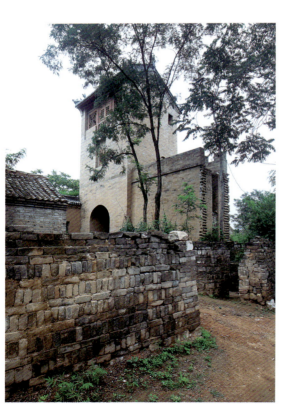

大门前影壁

1	1 铺首一
2	2 铺首二
3	3 铺首三

侍郎府门楼

在古村落的东南角，集中着玉虚观、大王庙、文庙、祖师庙、东三庙、观音堂等寺庙建筑，像是一个专门规划的宗教区。这些寺庙中最古老、建筑最有特色、最具价值的是玉虚观。它建于金大定十八年（1178年）。正殿面宽五间，门的形制为蒙古包式的壸门形式，富有元代游牧民族的统治气息。后殿有精美的琉璃屋脊，十分雄伟精美，所塑龙身遒劲有力，具有元代风格。

明清时期良户商业繁荣，街头的店铺商号林立，手工作坊遍布全村。到现在，当地人还保留着加工金银首饰和打铁倒铝锅的手艺，俗称"小炉匠"。良户村人不仅仅满足于生活的富足，他们的精神世界同样丰富多彩。每年的正月十七，是村民们为祭祀祖先神灵兼闹社火的节日，晚上还有散路灯、打铁花、八音会等娱乐活动。

古老的良户保留了防御性的城堡式建筑，众多的庙宇建筑，宏伟气派的宦府宅第，古朴清幽的民居，美轮美奂的"三雕"艺术，这些为了解和研究北方明清古建筑留下了鲜活的标本。清华大学陈志华教授赞叹："通过良户的遗存，告诉人们知道，生活是应该而且可以这样精致地、艺术地、富有感情地和实事求是地去创造的。"

侍郎府前院厅房

资 讯

　　1. **交通**：没有班车直达，可乘坐高平市到原村乡的班车，也可从高平市区打车前往。

　　2. **住宿**：不便。

　　3. **吃**：小饭店。

　　4. **门票**：无

　　开放时间：全天

　　5. **联系电话**：13294647566（宁宇）

　　6. **周边景区**：西李门二仙庙　开化寺　清化寺　仙翁庙　定林寺　铁佛寺　羊头山炎帝

以贾、杨两大家族兴盛的古村落
——北苏庄

　　高平市河西镇苏庄村西靠牛山，东临丹河，地势平坦，交通便利，富甲一方，村内民居星罗棋布，古街老巷旧貌犹存，其中仅清中前期的院落就有近百处，这些民居从建筑工艺到数量均为高平之最，自古就有"苏庄民居冠全县"的美誉。

　　苏庄何时建村已不可考，相传初有苏姓建庄，故取名为苏庄。后分成南北二庄。南苏庄在发展中逐渐没落，而北苏庄到明清时，有贾、杨两姓迁入。随着贾、杨两大家族的繁荣兴盛，村中人口剧增，村庄扩大，形成今天的北苏庄。

　　贾氏家族是北苏庄第一大姓。根据现存的"贾氏世系图"和"创建宗祠碑"记载：贾氏始祖名贾景通，于明嘉靖年间携家由长治县西和村迁来，最初从事农耕，后又以商贾起家，逐步发迹。经商致富后的贾家十分注重教育，从清康熙二十三年（1685年），贾氏五世孙贾松年中甲子科武举开始，此后贾家许多人逐步

院落

老乔底院前院西厢房

步入仕途，贾家逐渐鼎盛起来。贾家当年在村中修建大量住宅大院，虽然不少院落已被毁，但保存比较好的有长门院、老桥底院、贾氏老院、九宅院等。透过这些古老的建筑，可以想象到贾家昔日的繁荣兴衰。

　　杨家比贾家来得晚，但后来居上，财力远超贾家。据杨氏家谱记载，其家原在高平赵庄村，约在明末清初时，其始祖杨希清才率家族迁至苏庄村。此后杨家人丁兴旺，分为北杨、南杨和东杨三枝。从那时一直到清末民初的 300 多年间，杨家世代经商。鼎盛时期，店铺遍及河南、湖北等地。从清乾隆初年杨家发迹起，便开始耗资在村中大兴土木，建造宅院。直至清道光年间，杨家先后在苏庄建有大小宅院近百个。现在保存较好的有翠锦堂、七宅院、沟底院、油房院、杨家老院、东棱上院、杨家东院等。

1 | 1 杨家院
2 | 2 多达八间的厢房

1	2	1 贾家院落
3		2 七宅院大门
		3 巷道

　　杨家宅院三进以上的串串院居多，代表性的"翠锦堂"内建院落多达六个，除主体大院和书房院、马房院外，还有占地七亩的大花园。杨家财力雄厚，几乎所有的院落大门均是台基高筑，门面修得高大宽敞，不少院落大门还采用了数米高的砂岩石柱撑顶，上有木雕、横枋、雀替，下施石雕柱础，大门上为精致的眺阁，迎门为工艺精细的砖雕照壁。如从大门外看，总体建筑威严高大，整齐端庄；进院里看，住宅厅房富丽堂皇井然有序，显示了家族特有的居住格调和阔绰生活。

1 | 1 木雕
2 | 2 铺首

　　北苏庄的建筑艺术、装饰艺术、雕刻技巧鬼斧神工，超凡脱俗，别具一格，并巧妙地将木雕、砖雕、石雕陈于一院。无论是院内院外，还是房上房下，都随处可见雕刻精细的建筑艺术品。这些艺术品从屋檐、墀头、斗拱、雀替到柱础石、门窗、照壁均是精雕细刻，匠心独运。它充分展现了古代劳动人民高超的建筑艺术水平，确实是不可多得的民居建筑艺术珍品。

1 ｜ 1 隔扇门一
2 ｜ 2 隔扇门二

影壁

1 |
--|--
2 | 3

1 窗棂和门环
2 带望楼的门楼
3 "翠锦堂"院厅房院正房

$\dfrac{1}{2}$ 1 "翠锦堂"门
　　前小巷
　　2 窗棂

1　1 北阁
2　2 七宅院前院正房

窗户上的雕饰

资 讯

1. **交通：** 没有班车前往，可从高平市区打车前往。

2. **住宿：** 不便。

3. **吃：** 小饭店。

4. **门票：** 无

开放时间： 全天

5. **联系电话：** 高平市旅游局 0356-5222501

6. **周边景区：** 西李门二仙庙 开化寺 清化寺 仙翁庙
定林寺 铁佛寺 羊头山炎帝文化风景区

中国冶铁发源地"九州针都"
——大阳镇

泽州县大阳镇，是我国冶铁发源地之一，有"九州针都"之称。

大阳镇历史悠久，古代称阳阿。汉高祖元年（前206年）在大阳设阳阿侯国。

大阳镇西门楼

1 | 1 院落之一
2 | 2 院落之二

1 各式窗户

2 院落之三

汉高祖七年改为阳阿县。其县治从西汉至隋朝历经 700 多年。隋开皇三年（583年）废县治，大阳先后为高平郡和泽州县所管辖，"阳阿"改称"大阳"的确切年份无据可考。"大阳"最早记载于今存大阳汤帝庙宋宣和元年（1119 年）重修碑记。明清时期，大阳逐步形成了"户分五里、人罗万家，生意兴隆、商贾云集"

的大集镇。现在大阳镇区包括东大阳和西大阳两个自然村。居民 3000 多户，人口 15000 多人。由于村大人多，故有"山西第一村"之称。

大阳古镇是我国冶铁业的发源地之一，早在春秋战国时就是各诸侯国制造兵器所需生铁的重要产地。《山海经·五藏经》记载："虎尾山，其阴有铁。"指的就是大阳至今仍在开采的虎尾山矿区。战国最著名的"阳阿古剑"也产自这里。从明嘉靖时直至清末，大阳手工制针业兴起并迅速发展，生产的钢针行销大半个中国，还远销国外。因此大阳获得"九州针都"的美誉。

天柱塔

1 | 1 双插花院落
2 | 2 西宫阁
3 | 3 院落之四

1 | 1 汤帝庙大殿
2 | 2 吴神庙内松树

1 汤帝庙大殿梁架结构
2 街巷

1 | 1 街道
2 | 2 门窗装饰之一

屋内额枋上的木雕

闻名三晋的千年古镇大阳，文化底蕴深厚，历史遗存浩瀚。人称"东西两大阳，沿河十八庄，上下两书院，南北四寨上，九十三个阁，七十二条巷，七市八圪堄，老街五里长，早先还有北大阳"。镇内现存规模宏大的明代古建筑群，那幽邃的老街，古朴的民居，恢宏的寺庙，都记录着它历史上曾经的辉煌。

如今高大的城楼上，石刻"古阳阿县"的匾额仍清晰可见。穿过城楼，便是长达五里的老街，清一色的明清风貌。街道两旁一座挨一座的古店铺，多是砖木结构的二层小楼，密密匝匝地，或三间或四间，从西城门一直延伸到东门。转进狭窄幽深的巷子，明、清时期建的古宅随处可见。常家大院、段家大院、关家大院、霍家大院、孟家大院、张家大院、庞家大院、裴家大院、王家大院等房连房，楼接楼，除了小巷间隔外，别无空隙。这些院落规划有致，结构合理，院落连环，高大巍峨，雕刻精美，又各具特色。由于时代的变迁，这些院落几易其主，大部分建筑及雕刻有的已拆毁，有的已残损，但从现存的建筑中，仍能窥见大阳明清民居建筑的辉煌和灿烂。

大阳古建筑众多。古镇人当作护村佑民的佛寺庙宇大街小巷随处可见，原来的三十余座寺庙如今还留存十几座。还有那些观、阁、庵、堂、戏台等都坐落在古老的街巷中。耸立于村东的九层天柱塔、深藏在村西北高山上的香山寺，雄浑壮阔的汤帝庙、关帝庙、资圣寺、后大寺以及古阁、巷门都一直保存至今，其建筑古朴大雅，风格别具，古风四溢。这些寺庙建筑中最具特色的当属"针翁庙"，为大阳所独有。最古老也最具代表性的大阳汤帝庙始建于宋，元时重修，所以庙

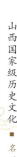

门窗装饰之二

内的主要建筑汤帝殿呈现出的是元代建筑风格，汤帝殿最令人瞩目的是在建筑上使用的减柱法和移柱法，这种建筑形式在国内外都极为罕见。

　　大阳历史上曾出现过大批灿若星辰的朝廷命官。从尚书、御史、翰林、巡抚，到侍郎、郡守、状元、将军等数不胜数。仅明清时期大阳的历史名人就达一百三十多人，其官职位之高，人数之多，影响之广，恐怕在全国任何一个村落中都是绝对少有的。因此，泽州大地自古流传着"三斗三升芝麻官"、"有官不到大阳夸"之民谣。明代嘉靖礼部尚书裴宇，明代万历丁丑科户部右侍郎张养蒙，明代弘治年间吏部侍郎孟春等是他们中的杰出代表。

藏在深闺无人识
——西黄石村

　　泽州县北义城镇西黄石村，地处丹河流域中段，是一个民居典雅、古建精美的古村落。长期以来，由于地处偏僻山区，交通闭塞，这些民居古建珍品一直"藏在深闺无人识"。

　　西黄石村古代叫金玉村，始建于唐代。现村内的成姓家族祖上，是金玉村最早的定居建设者。在建村初期，西黄石村与东黄石村合称金玉村，后改称黄石村。后来又因村中的昌沟河经常夏季发洪水，将黄石村逐渐分成两个村落，故河

院落二门内部及两侧的影壁

山西国家级历史文化　■　名／村／名／镇

东侧叫东黄石，河西侧叫西黄石。明代有赵、张姓氏家族迁入。村中人口渐多，规模渐大，至明末形成了规模较大的村落。明末清初杜氏家族迁入，经几代经商，在清中期超越成氏家族，成为名噪一时的晋商大户，至此西黄石村发展至鼎盛时期。时至今日村中主要姓氏仍为成、杜两姓。

1	1 壁画一
2	2 壁画二
3	3 成家大院倒座精美的木雕

1	2
3	4
5	6

1 文官铺首

2 由荷花、鱼造型组成的铺首寓意"连年有余(鱼)"

3 武将铺首

4 "寿"、"禄(鹿)"铺首

5 夔龙铺首

6 由宝瓶组成的铺首寓意四季平安

山西国家级历史文化

■ 名／村／名／镇

1 | 2
—
3

1 侍郎院大门柱础一
2 侍郎院大门柱础二
3 杜家大院高耸的大门

西黄石村现存古院落达 250 余幢，占地面积达 4 公顷，建筑面积 2.6 万平方米，古建筑绝大部分保存完好。

成氏家族作为西黄石的创立者，世代以农耕为主，后涉足商业，渐成庞大家族。成氏家族积累财富后，在村内修建了大量宅院。现存较好的有成满昌、成发昌、成春令、成楚司、成雍富、成澄洲、成根来、成发茂、成发荣等宅院。所有宅院主人中成澄洲是唯一一位举人。

1 侍郎院大门上皇帝御
赐的匾额
2 木雕细部
3 成家大院倒座。院内
悠闲的兔子、门槛上
的猫咪构成了一幅安
静、祥和的图画

1 | 1 文魁院与武魁院大门
2 | 2 青石铺成的街道

　　成氏家族院落中最有代表性的是兄弟大院和侍郎院。兄弟院分东西两院，现存五座院落。其中又以西院（成发荣院）修建最为精美。西院倒座是大院的精华。其木雕是清代木雕的精品。檐廊、斗拱、额枋、雀替、门窗等到处是木雕装饰。龙、凤、狮子、仙鹤、云鹿灵芝、三羊（阳）开泰、鹿衔梅花等雕刻工艺精湛，惟妙惟肖。侍郎院也叫成澄洲院，其院门楼是村中最华美的。此门楼将牌坊与门楼合二为一。门楼外廊下的柱础为圆弧四方形，弧线优美圆润，四面刻有浅浮雕山

164

1 | 1 院落二门及两侧的影壁
2 | 2 西黄石街景

玉皇庙正殿内梁架及壁画

水、竹石、人物、诗词图案。足见当年主人品位不凡。门楼一层上悬的木制匾额上刻有"皇清敕封登州侍郎澄洲成公妻丁孺人节孝坊"。门楼二层栏杆间以卷草、几何图案等镂空雕刻，动静相宜，虚实相生。门楼上方斗拱层叠，屋脊装饰精美。

　　据村内现存的史料记载，杜家先祖原籍为河南辉县，明初迁至山西，最初居住在高平的永宁寨，清代杜家一支迁到西黄石村。杜家由制做豆腐起家，后经营盐业发家。杜家发展鼎盛时，在当地、晋城黄华街及豫北共有72家字号，成为名噪一时的大财主。杜家从清乾隆年间到道光年间，先后建造大院宅房、亭台楼阁共48处。村中现存的杜家院落多达29座。这些建筑基本集中在村中的东、西两条胡同中。保存较好的有义和堂、文魁院、武魁院、书房院、大家主院、杜攸欲院、九字院等。

　　在西黄石星罗棋布的古代民居建筑群中，还有数处经典庙宇点缀其间。保存较好的有三官庙、玉皇庙、祖师庙。玉皇庙是村中最古老的寺庙，村中老百姓俗称西庙，始建于金贞祐年间，最初为佛堂，明正德七年改立成玉皇庙，清道光五年重修。庙内正殿内东西墙壁上的二十八宿彩绘壁画精美，大梁上的木雕贴金飞龙，至今仍栩栩如生。

成家侍郎院牌坊与门楼合二为一

西黄石村历史悠久，格局完整，建筑遗存丰富，宅院规模宏大，装饰精美，这里的村民至今依然宁静地生活在古老的宅院中。

村内的池塘

资　讯

1. 交通：从县城或北义城镇租车。

2. 住宿：回县城住宿。

3. 吃：农家。

4. 门票：无

　　开放时间：全天

5. 联 系 电 话：0356—3835143

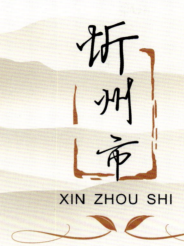

忻州市

XIN ZHOU SHI

古村落的奇葩"悬空村"
——王化沟

　　宁武县涔山乡王化沟村是一个鼎盛时期也不过百户人家，现如今只剩二十余户，常住人口只有三四十口人的小山村。这几年名声却越来越大，翻山越岭来看它的人是越来越多。

　　王化沟村是一个令人惊奇而独特的村庄，它藏匿在管涔山的崇山峻岭和茫茫

悬空村全景

林海中。它出名既不是有深宅大院，也不是有望族名人，而是因其独特的地理位置和富有特色的建筑。村庄从远处眺望好像悬在空中的楼阁，所以人们形象地称它为"悬空村"。

据当地村民传说，村民的祖先是在明朝末年，崇祯皇帝的四皇子的随从因躲避

1	1 回家路上的村民
2	3	2 进村的石阶路
	3 村对面的林海

1 | 1 村落环境
2 | 2 收获的莜麦

战乱来到这人迹罕至的大山深处，在半山腰上建起了家园，不断开枝散叶，繁衍生息至今。但也有学者认为悬空村民系伐木工人的后代，因常年伐木而逐渐定居下来。因为历史上从恒山到应县、五台山、管涔山直至吕梁山脉，是华北最大的针叶林带，从元代开始就有"万木下汾河"的说法，根据《宁武县志》记载，明朝时期，在宁武县境内进行了大规模的砍伐活动，进山伐木者多达一万多人。因没有明确的历史记载，无法考证其确切的历史缘由。

1 | 1 类似南方干栏式房屋
2 | 2 悬空村远眺

1 | 1 筱面菜卷是农家常吃的食物
2 | 2 居民院落
3 | 3 龙王庙实际只有一眼泉水

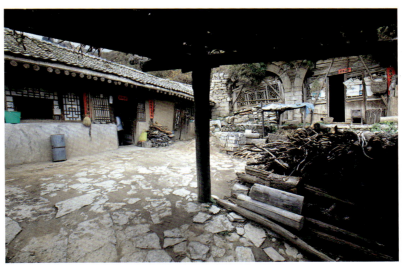

带护栏的栈道

异曲同工之处。村东口有一座龙王庙，只有一间房子，说是庙其实里面并没有塑像而是一眼泉水，是村民日常生活的水源。

由于过于封闭，几百年来，王化沟村村民的生活几乎延续着过去的原始古朴的生活习惯，吃的是莜面、豆面和土豆，喝的是山泉水，睡的是土炕，烧的是木柴，运输靠骡马驮运，每天日出而作，日落而息。

如果你想探幽寻古那就到"悬空村"来吧，这里是一处幽谷林海中的"世外桃源"。

资 讯

1. **交通**：从宁武县城去东寨车很多，东寨镇上有许多面包车出租可去悬空村。

2. **住宿**：宁武县城或东寨。

3. **吃**：农家或到东寨镇。

4. **门票**：无

开放时间：全天

5. **联系电话**：0350-4784472（镇政府）

6. **周边景区**：汾河源头 天池 万年冰洞 芦芽山等景观

1 筱面菜卷是农家常吃的食物

2 居民院落

3 龙王庙实际只有一眼泉水

　　王化沟村海拔 2300 多米，群山环抱、林籁泉韵、远离尘嚣。整个村庄都建立在半山腰的悬崖峭壁边，背靠大山，面临峡谷。村庄顺崖就势而建，房屋院落错落有致，向东西伸展。从山脚到村庄有许多沿山势蜿蜒曲折的小路都可以进入村子。最东面还有一条用条石铺成的石阶路。村庄主要道路是一条长约一公里的"空中栈道"。栈道横贯整个村落，将村里的院落连为一体。栈道就地取材用松树原木建成。走在用木桩并排铺成的悬空路面上，感受着这里的粗犷与原始，

1	1 街景
2	2 原木扎成的围墙
3	3 悬空栈道

1	1 原木铺成的村中街道
2	2 悬崖边的房子和碾子

放眼蓝天白云下的万顷碧野，看那山间羊群和梯田里劳作的人们，品味这自然的造化，有谁能无动于衷？

　　村里的房屋多以石头和当地的华北落叶松及云杉为主建造，具有明显的晋北民居特点。房屋顺山势高低错落着一字排开，坐北向南，避风向阳。因地方狭窄，有的房屋的后部坐落在崖石上，前半部则悬空而建，下面以木柱支撑着竖立在天然石壁上，与江南的吊脚楼有

带护栏的栈道

异曲同工之处。村东口有一座龙王庙，只有一间房子，说是庙其实里面并没有塑像而是一眼泉水，是村民日常生活的水源。

由于过于封闭，几百年来，王化沟村村民的生活几乎延续着过去的原始古朴的生活习惯，吃的是莜面、豆面和土豆，喝的是山泉水，睡的是土炕，烧的是木柴，运输靠骡马驮运，每天日出而作，日落而息。

如果你想探幽寻古那就到"悬空村"来吧，这里是一处幽谷林海中的"世外桃源"。

资 讯

1. **交通**：从宁武县城去东寨车很多，东寨镇上有许多面包车出租可去悬空村。

2. **住宿**：宁武县城或东寨。

3. **吃**：农家或到东寨镇。

4. **门票**：无

开放时间：全天

5. **联系电话**：0350-4784472（镇政府）

6. **周边景区**：汾河源头　天池　万年冰洞　芦芽山等景观

吕梁市

Lü LIANG SHI

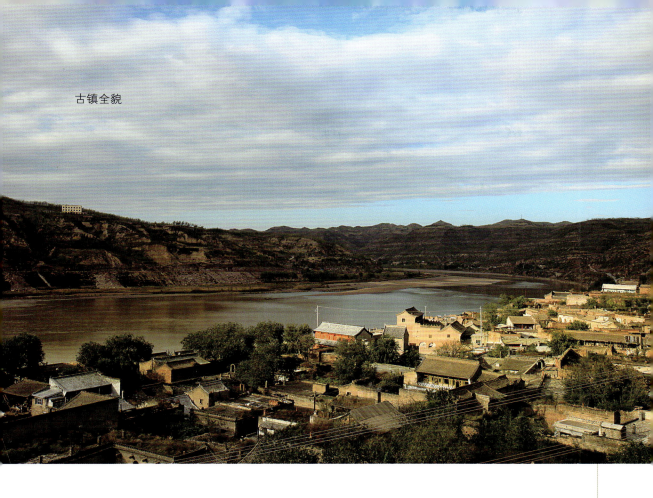

古镇全貌

九曲黄河第一镇
——碛口镇

　　临县碛口镇是九曲黄河晋陕峡谷黄金水道里的一颗明珠，人称"九曲黄河第
一镇，水旱码头小都会"。

　　碛口之名，因黄河大同碛而得名，最早见于《隋书》。大同碛位于碛口古街
西南500米的湫水河入黄河处，是秦晋峡谷间最大的一个碛。在明末清初，临县
天灾人祸，碛口非常萧条。当时集镇在离碛口2公里的侯台镇，传言"先有侯台
镇，后有碛口镇。"清朝乾隆年间秋水河冲毁侯台镇，碛口镇才开始兴盛，成为
"晋商西大门，黄河大码头"。

碛口的繁荣同时得益于大同碛险关，以及晋商的崛起。碛口是连接西北各省与京津及全国各地的商品中转站。在明清至民国近三百年的历史里凭黄河水运一跃成为我国北方著名商贸重镇，它曾经是当时中国北方的重要水旱码头和货物集散地。当年船筏在黄河里穿梭，驼铃在山谷间回荡。西北各省出产的粮油、皮毛、药材源源不断地由河运而来，到碛口后，转陆路由骡马、骆驼运到太原、京、津、汉口等地。回程时，再把棉花、绸缎、茶叶、火柴等日用品经碛口转运到西北。鼎盛时期，碛口码头每天来往的船只有 150 艘之

1　东市街景

2　枕河人家

1 | 1 黑龙庙院内
2 | 2 当铺院的防盗设施"天罗地网"

多，各类服务型店肆 300 多家。民间有"驮不尽的碛口，填不满的吴城"、"碛口街上尽是油，三天不驮满街流"的谚语流传至今，勾勒出昔日的一派繁荣景象。日复一日，这里商贾云集，店铺林立，车水马龙，经济繁荣、名声日隆。碛口便以"水旱码头小都会"的美名传遍南北。这样的繁华景象一直持续到 20 世纪 30 年代。随着京包、津浦等铁路的建成，碛口完成了它商品集散中心的历史使命，逐渐退出了历史舞台。

1 巷道

2 东市街

昔日的富庶和持续几百年的繁荣，虽然已成为过眼烟云，但如今古镇依然古色古香，保留着原始质朴的居民生活形态，是一座充满古朴风韵的小镇，是"活着的古镇"。现镇内有东、中、西三条街道，十三条小巷。街巷两旁是大量保存完好的明清时期建筑，主要有货栈、票号、当铺等各类商业性建筑和庙宇、民居、码头等，几乎囊括了古代商贸集镇的全部类型。具有代表性的是荣光店、大顺店、四十眼窑院、天聚永、义诚信、三兴店、天隆聚等等。在这些老店铺、老字号、老房子上随处可见砖雕、木雕、石刻。漫步在长街上，仿佛穿越了一个时空隧道，一下走进了历史，一切都那么悠远、深沉、厚重。

创建于明代的黑龙庙在卧虎山上，居高临下，俯瞰黄河，是碛口古镇的标志性建筑。庙宇依山傍水，建筑布局严谨合理，古朴典雅。历史上，人们在此祈求风调雨顺，行船平安，生意兴隆。庙门口对联"物阜民丰小都会，河声岳色大文章"是当年碛口繁荣的真实写照。

这里曾经历经繁华，然而近几十年却几乎被世人所遗忘，而今随着旅游热潮又骤然兴起日益活跃起来。如今这里的古镇风韵、水旱码头、卧虎龙庙、黄河漂流、二碛冲浪、麒麟沙滩、黄河土林、枣林碧涛和以西湾民居为代表的一批具有黄土高原建筑特色的民居奇葩，吸引着一批又一批的背包客、摄影爱好者、古建民居爱好者、画家等人群乐此不疲

"永丰店"及"十义镖局"依然保留原貌

地来此观光。真应了那句"三十年河东,三十年河西"的古语。

资　讯

1. **交通**：碛口镇每天有一辆中巴发往太原,当日往返,早5:30由碛口发车,12:30由太原市客运西站返回,全程约6个小时,票价40元/人。也可在离石中转,太原到离石的车较多,约半小时一班,票价40元,离石每天有多趟至碛口的中巴,每人5元。

自驾车的游客可由太原晋祠公路出发,走太汾、汾柳高速公路或307国道,在离石市西郊圪瘩上村路口北上碛口。307国道中阳县段与离石至碛口段山路曲折,需谨慎驾驶。

2. **住宿**：碛口镇上家庭旅馆,价格便宜。

3. **吃**：中小饭店。

4. **门票**：无

开放时间：全天

5. **联系电话**：0358-4466008　0358-4466092。

6. **周边景区**：西湾村　李家山村

7. **特产**：红枣　黄河石

立体实景山水画卷
——西湾村

　　临县碛口镇西湾村距碛口古镇一公里，这里依山面水，风景秀丽。村子背靠卧虎山，前临湫水河，城堡式明清古民居群依山坡而建，层层叠叠，错落有致。隔湫水河远望，西湾村宛如天地间一幅古朴的立体实景山水画卷。

　　西湾村的历史可以追溯到明朝末期，它的起源和当年的水陆码头碛口的兴起有着不解之缘。据《陈氏家谱》载，始祖陈先模、字师范，于明朝末年从方山县岱坡山迁到西湾，靠经商起家，艰苦创业。到第四代陈三锡，利用黄河碛口码头水运便利搞货物转运，渐成一代富商。于是在西湾大兴土木，以后又历经数代人

上百年的扩建，终于把西湾村建成了一个拥有几十座宅院的城堡式建筑群。

西湾村，以其独具特色的晋西窑洞民居建筑闻名。这处完整的居民建筑群，占地三万多平方米，村内由两横五纵七条小巷均匀地把各处院落串联起来。村落的一个特点是依山就势，街道小巷院落互通。各个院落中，都有隐蔽的小门与邻院相通，只要进入任一院落，便可游遍全村。人称"村是一座院，院是一山村"。村里现保存完好的有三十多处院落，从前往后沿着山势步步登高，最高处可达六层。远望显得错落有致，气势宏伟，与周边环境十分和谐。另一个特点是石材的应用。走进村中，左顾右盼之间，满眼是石头的世界。堡墙、门洞、围墙、屋墙全用石头砌成，就连那路面也全部用条石铺就。第三个特点就是窑洞式的明柱厦檐高屹台院。院落正房一般为石碹窑洞，坐落在高高的石台之上，窑顶伸出一排石梁，它们和木质明柱一起支撑起宽阔的厦檐。

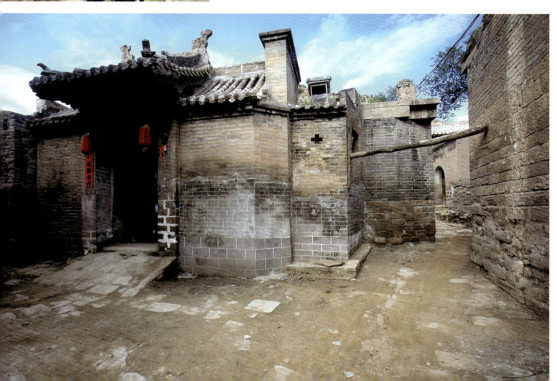

从湫水河看河对岸的西湾村

1 | 1 四合院屋顶
2 | 2 东财主二进院外院

没根厦檐院落

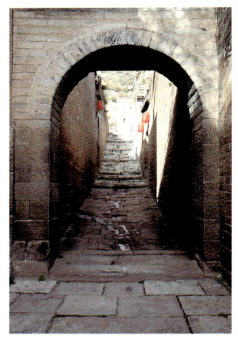

1	2
3	

1 坚固的堡门
2 条石铺砌的巷道
3 东财主院

村中保存完整的有陈家祠堂，东、西财主院等建筑。村东第一巷口的院落是因大门上有隶书匾额"竹苞松茂"，所以人们习惯叫竹苞松茂院，大门墀头上"财神进宝"、"麒麟送子"的木刻砖雕艺术非常精美。西湾村是个单姓村，全村人都姓陈。祠堂坐落在村南正中央，祠堂大门匾额上写着"承先启后"。两面的对联是"俎豆一堂昭祖德，箕裘千载振家声"。东财主院是陈三锡修建的，是村中最具有特色、规模最大、保存最完好的，是西湾民居建筑的代表。院落由东西并列的两组建筑群组成，坐北向南，两组院落均为四进，每一进都随山势升高一层，院内有楼梯上下。两组建筑群的东西各有一条街巷，各个院落都可以直接通到巷子里，方便出入。院子一层是伙计们的住处；二层是建筑群中最好的地段，正房住长辈，两边厢房住晚辈，二层正房窑上还有一座议事厅；三层是用来招待客人的；四层是绣楼。整个建筑群错落有致，变化多样，砖石木各种雕刻构思精巧，刻画细腻，处处洋溢着浓浓的传统文化气息，显露出明清时期晋商的骄傲和富裕。

1 西湾村背靠高耸的卧虎山
2 挂满枝头的红枣是当地的特产

山西国家级历史文化

■ 名/村/名/镇

1 | 1 陈氏祠堂
2 | 2 明柱厦檐箍窑

一位美国教授对西湾村的民居赞叹不已，他评价说：西湾民居不仅仅是山西当地人民几百年遗留下来的宝贵文化遗产，也是人类历史上对人居环境所创下的杰出典范。它体现了人与山地的完美和谐，最终创造出具有独特风格的"立体交融式"的乡土建筑。

石砌巷道

资 讯

1. 交通： 碛口镇每天有一辆中巴发往太原，当日往返，早5：30由碛口发车，12：30由太原市客运西站返回，全程约6个小时，票价40元/人。也可在离石中转，太原到离石的车较多，约半小时一班，票价40元，离石每天有多趟至碛口的中巴，每人5元。

自驾车的游客可由太原晋祠公路出发，走太汾、汾柳高速公路或307国道，在离石市西郊圪瘩上村路口北上碛口。307国道中阳县段与离石至碛口段山路曲折，需谨慎驾驶。

西湾村距碛口2公里

2. 住宿： 碛口镇上家庭旅馆，价格便宜。

3. 吃： 中小饭店。

4. 门票： 无。有些院落村民收费

开放时间： 全天

5. 联系电话： 0358-4466008　0358-4466092

6. 周边景区： 碛口　李家山村

7. 特产： 红枣　黄河石

李家山西侧层叠的院落，远处的水面就是黄河。

形似凤凰的明清建筑群
——李家山村

　　临县碛口镇李家山村是碛口古村落中较有代表性的一个古村落。

　　1989年著名画家吴冠中参观李家山后写道："我在山西有一个重要发现——临县碛口李家山村。这里从外面看像一座荒凉的汉墓，一进去是很古老很讲究的窑洞，古村相对封闭，像与世隔绝的桃花源。这样的村庄，这样的房子，走遍全世界都难再找到。"从此这个默默无闻的小山村就吸引了众多的画家和摄影家，越来越多的旅游者也纷至沓来。

　　李家山原名陈家湾，后因李氏家族迁入并逐步繁盛改为今名。据《李氏宗谱簿》载："始祖李端，明成化年间，由临县上西坡村迁往临县招贤都三甲李家山村。"李氏家族经世代繁衍，到清中叶已成大户。当时碛口商业繁荣，李家涉足

1 | 1 后地院
2 | 2 东财主院檐廊下

于商业，就此兴旺发达。

现在的李家山村有大大小小百十来院，400多孔（间）住舍，居住着220多户人家，760多口人。李家山村面南背北，坐落在凤凰山山坡上，整个村落像一只展翅的凤凰。其地形概括地说就是"两沟四面坡"，两条小沟壑向南延伸，与垂直于它们的一条山涧会合后向西注入黄河。夹在两沟之间的山峁为凤凰头，两沟外侧则为凤翼。

远望李家山，山坡倾角都在六、七十度，整个村落依山势而建，层层叠加，错落有致。在这黄土重重的崇山峻岭中，李家山民居沿坡壁呈阶梯状分

布，下一层的窑洞顶部就是上一层窑洞的前庭，有的窑洞甚至就直接建在下层窑洞的窑顶。一层层的窑洞就这样层次分明、错落有致地层叠而上，直至坡顶。这多达八、九层的窑洞看似随意的布局，实则完美地结合了山势的坡度与走向。屋前小路犹如蛇行，曲折盘旋于崖壁间。充分利用了山体给予的空间优势，形成了户户相通立体交叉的交通体系。走在村中小路上移步换景，一幅美丽的画卷扑面而来。

1	
2	3

1 陡峭的石阶路
2 写生的学生
3 东财主院大门墀头雕饰

据专家考证李家山民居的形态在八种以上，即有简陋的穴居生活土窑洞，也有奢华的清代建筑群。李家山有两家大财主：西财主和东财主。东财主李登祥，在碛口开"德合店"、"万盛永"；西财主李德峰，开"三和厚"。两家财路亨通、日进斗银，便在这黄土山村大兴土木。于是东财主在凤身上建宅，西财主在右翼上修院。两家财主较量，在数百米的土坡上依山就势，上下重叠，筑起精致砖窑、宅院多达九层，成就了令今人迷恋的黄土山村。

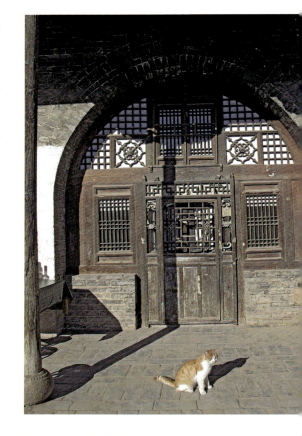

1	1 新窑院的门窗
2	2 新窑院及院外"X"型道路

1 天官庙
2 东财主院

西侧层叠的窑洞就是当年吴冠中先生绘画的实景

李家山东侧层叠的建筑群

李家山最具代表性的院落有"东财主院"、"后地院"、"新窑院"、"桂兰轩"等。东财主院是"东财主"李登祥建造的两层窑院。一层窑院正窑坐东向西为五孔石窑，三明二暗。南厢房两孔石窑西侧为硬山起脊大门，大门朝南，其上匾额书"堂构增辉"，大门对联：书为天下英雄业，善是人间富贵根。大门墀头砖雕"麒麟献瑞"细腻逼真。院内北侧三孔石窑旁筑石阶通二楼厢房。二层正窑是带没根厦檐五孔石窑，前廊南设小门直通院外。整个院落设计精巧别致。后地院又叫"香亭楼"，是"西财主"李德峰所建，位于西侧山坡上，坐西朝东。香亭楼由主院和两个小跨院组成，主院正房一层是七孔石窑，二层是七孔砖窑，北侧厢房一层是三孔石窑，二层是五间带前廊砖瓦房。整个窑院宽敞宏大，这在沟壑纵横的李家山实在难得，可见李家的财力雄厚。

李家山黄土高坡与人居建筑的完美结合，丰厚的民俗风情和黄河文化已逐渐吸引越来越多的人。今天的李家山村，在弯曲的小路上，到处是那些趋之若鹜的画家和摄影人。

资 讯

1. **交通**：碛口镇每天有一辆中巴发往太原，当日往返，早5：30由碛口发车，12：30由太原市客运西站返回，全程约6个小时，票价40元／人。也可在离石中转，太原到离石的车较多，约半小时一班，票价40元，离石每天有多趟至碛口的中巴，每人5元。

自驾车的游客可以太原晋祠公路出发，走太汾、汾柳高速公路或307国道，在离石市西郊圪瘩上村路口北上碛口。307国道中阳县段与离石至碛口段山路曲折，需谨慎驾驶。

李家山距碛口3公里，徒步即可前往。

2. **住宿**：农家乐食宿方便，价格便宜。

3. **吃**：农家乐食宿方便，价格便宜。

4. **门票**：无

开放时间：全天

5. **联系电话**：0358-4451308

6. **周边景区**：碛口

7. **特产**：红枣　黄河石

晋中市

JIN ZHONG SHI

"华夏民居第一宅"王家大院
——静升镇

灵石县静升镇，坐落在风景秀美的绵山脚下，依山傍水，风景秀美，有灵石"小江南"的美称。静升镇传统文化底蕴深厚，人文景观丰富多彩，"华夏民居第一宅"王家大院就坐落在镇北的黄土高坡上。

春秋时，因介子推之故，与静升相连的绵山被封为介山，静升名为"旌善村"。隋开皇时改为"灵瑞乡"。唐贞观以来，灵瑞乡日臻兴旺，直至元皇庆年间仍以灵瑞乡称之。到清代康熙乾隆时，农商发达，经济繁荣，静升镇经历了第一

视履堡前马道

"自山一川"木雕垂花牌楼

1 | 东宅院绣楼
2 | "养正书塾"院的石雕古竹门

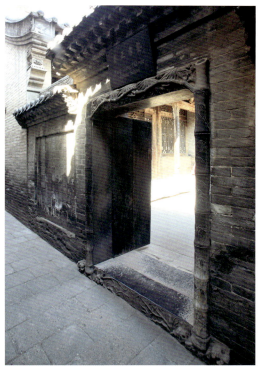

次大规模的发展时期，被誉为"晋中第一镇"。

据王氏家谱记载，其先祖早年从太原移居灵石沟营村。元仁宗皇庆年间，静升王氏始祖太原王氏第六十七世孙王实，离开沟营村定居静升村，迄今已690余年，传28世。静升王氏从佃农起家，由农及商，又由商到官，官商并举，成为灵石四大望族之一。据《静升村王氏源流碑记》载，明末天启年间，王家已是"士者经史传家，英辈迭出；农者沃产遗后，坐享丰盈；工者彻通诸艺，精巧相生；商者逐利湖海，据资万千。"

　　到过王家大院的人，都认为王家大院给人最大的感觉是——大。其实现在向游人开放的红门堡、高家崖堡、崇宁堡及王氏宗祠四组建筑群，共有大小院落231座，房屋2078间，面积8万平方米，还不到王家大院总占地面积的三分之一。

　　据王家史料和现存的实物考证，明万历年间至清嘉庆十六年，静升王氏家族的住宅，随其族业的不断兴盛，在村中，由西向东，由低到高，不断延伸，渐修渐众，营造了总占地面积达25万平方米之巨的建筑群体，远比占地15万平方米的北京故宫庞大。在

1	
2	3

1 墙柱角石雕一
2 花瓶式柱础
3 墙柱角石雕二

<table>
<tr><td>1</td><td>1 绣楼外景</td></tr>
<tr><td>2</td><td>2 树叶匾额</td></tr>
</table>

静升村"五里长街"和"九沟八堡十八巷"的版图里，王家至少占据了五沟五巷五座堡。

　　高家崖建筑群是由十七世王汝聪、王汝成兄弟俩修建于嘉庆元年（1796年）至嘉庆十六年（1811年），总面积19572平方米，大小院落35座，房屋342间，其建筑特点是：继承了我国西周时即已形成的前堂后寝的庭院风格，均为三进式四合院。整个建筑群依山就势，层楼叠院，气势宏伟，功能齐备，门前照壁、上马石、旗杆石、镇宅石狮一应俱全，营造出奢华、严肃的气氛。现辟为"中国民居艺术馆"。

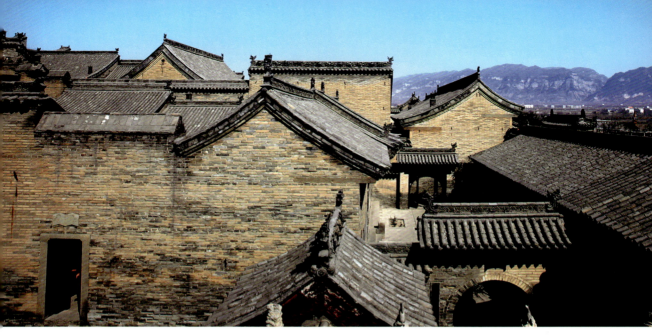

1 | 1 檐牙高啄的深宅大院
2 | 2 孝义祠前孝义牌坊

红门堡也叫"恒贞堡",建在黄土岗上。建筑群建于乾隆四年（1739 年）至乾隆五十八年（1793 年），平面为长方形，四周环绕砖砌堡墙。大小院落 88 座，房屋 834 间，总面积 25000 平方米。堡内一条由南向北逐渐升高的直街与东西向的横巷构成"王"字形道路网，又附会着龙的造型。现为"中华王氏博物馆"。

崇宁堡建筑群的总体建筑与红门堡相似，堡墙高耸，院落参差，古朴粗犷，近于明代风格。崇宁堡现已辟为"力群美术馆"，陈列着灵石籍当代著名版画家力群先生的作品。

王家大院是一座建筑雕刻艺术高超的民居艺术博物馆。院中随处可见题材繁多、内容丰富、雕功娴熟、图案精美、匠心独具的砖雕、木雕、石雕艺术，使得满院生辉。那精巧的墙基石、石雕门框、石雕照壁、木雕翼拱全是技艺精湛，集民俗、民艺于一体，既有装饰作用，又蕴含教化功能，达到了建筑必有图，有图必有意，有意必吉祥的境界，是建筑装饰的典范。特别值得一提的是文庙的石雕

文庙前透雕鲤鱼跃龙门影壁与魁星楼

1 | 2　1 墙柱角石雕三
　　　2 墙柱角石雕四

双面镂空"鲤鱼跃龙门"影壁，高 7 米，长 10 米，厚 1 米，雕刻着鲤鱼冲浪化龙的古典图案，富有浓郁的诗情画意，是极为罕见的元代艺术珍品。

王家大院作为我国传统建筑文化遗产和民居艺术珍品，被广誉为"华夏民居第一宅"、"中国民间故宫"和"山西的紫禁城"。另外，还有一个流传很广的口碑——"王家归来不看院"。

山西国家级历史文化

■ 名／村／名／镇

$\dfrac{1}{2}$ 　1 透雕帘架
　　2 凝瑞大门

视履堡私塾院"叠翠轩"景致

1 ┃ 1 厢房
2 ┃ 2 砖雕"五福捧寿"图

狮子滚绣球影壁

资　讯

　　1. 交通：大运高速灵石出口下2公里即到。

　　2. 住宿：小宾馆或到县城都非常方便。

　　3. 吃：饭店很多。

　　4. 门票：60元

　　开放时间：8:00—17:00

　　5. 联系电话：0354－7722122、7620854

　　6. 周边景区：绵山　资寿寺　石膏山　张壁古堡

谜一样的千年古堡
——张壁村

介休市龙凤镇张壁村，是一个原汁原味的中国古代城堡式村落。

在这个占地仅 0.1 平方公里，东西宽 374 米，南北长 244 米，堡墙周长 1100 米的袖珍城堡里保存着丰富的历史文化遗存。有完好的城墙、街巷、寺庙群、隋唐地道、金代墓葬、元代戏台、明清民居等众多文物古迹，它们的背后留下的是

张壁村北门寺庙建筑群

众多耐人寻味的千古谜题。

张壁古堡的创建年代和古地道的形成年代无证可考。比较集中的说法是隋末大业十三年（617年），隋末刘武周为抗击李世民，始筑该堡。有关张壁最早的文字记载是村里宋金时期古墓出土的墓内"买地卷"上记有"惟大定四年（1164年），汾州灵石县张壁村祭主张晋伏，为祖父母合葬并请灵"等字样，证明宋金时期"张壁村"名已存在。

1 | 1 泥包铁佛像
2 | 2 南门内景，门洞上为西方圣境殿，左为上可汗庙的台阶

山西国家级历史文化 ■ 名／村／名／镇

1 居民院落鸟瞰
2 精美的石雕栅栏
3 龙街

张壁古堡依垣傍沟，三面环沟，地势险要，是一座军事堡垒式古村落。堡墙用土夯筑而成，高约 10 米。古堡建有南北两座堡门，北堡门为砖砌，门里有瓮城。南堡门为石砌，堡中间是一条长 300 米的街道，用石块和石条铺就而成，叫龙街。它与东边三巷、西面四巷构成了"丁"字形的结构。街中路西有一株根深叶茂的槐抱柳，相传植于宋代。古堡还保留着隋唐式的"里坊"，在龙街与几条小巷的丁字巷口，仍可看到保存至今的巷门，是各个"里坊"唯一的出口。关闭巷

1 | 1 琉璃碑
2 | 2 张壁村南门

门后，各个里坊就成为相对封闭的堡中之堡，里坊之间既可各自为战，又可相互呼应，是一套完好的内部防御体系。堡内街道两侧有典雅的店铺和古朴的民居。东三巷民居多为农家小院，西四巷建筑错落有致，街巷格局严整，过去多为富户居住。堡内民居宅院形制多为合院模式，大多为四合院，少数是三合院。

古堡地下是规模宏大、结构奇特、四通八达的地道。地道估计全长有10000米，是一个完整的地下军事防御设施。地道分上中下三层，距地面一米到二十米。地道内既有水井、粮仓、将军洞、屯兵洞、灯台、马厩、马槽等一应生活

1 空王殿顶的琉璃构件
2 空王殿顶的琉璃脊饰

230

所需，又有陷阱、伏击坑、射箭坑、淹水道、通讯道等攻击设计，还有排水道口、逃跑出口，遇水可排，遇毒可防，进、退、攻、防、藏、逃灵活多变，宛若迷宫，机关遍布，处处涉险，令人防不胜防。据专家考证，如此庞大而复杂的地下工程，绝非民间建造，应是古代按兵法所说"明堡暗道"而修筑的地下军事设施。至于这地道是什么时间建造，何人所建，为何而建至今仍然是个谜。

除了颇具规模的军事堡垒，拥有众多的宗教庙宇也是张壁古堡的一大特色。堡内现存有大大小小十六座祠庙。小小的村落为何有如此众多的庙宇，也是十分独特和神秘的。这些庙宇分北门和南门两个建筑群。

1 | 1 砖雕狮子滚绣球墀头
2 | 2 城门洞内的更窑

山西国家级历史文化　■　名／村／名／镇

　　南门庙宇群与城门紧密相连。有可汗庙、魁星楼、西方圣境楼、地藏堂、关帝庙等。可汗庙是南门庙宇群的主体，也是张壁村最古老的庙宇，供奉的是异族皇帝刘武周。可汗庙观音堂内后壁夹层还发现一座似佛非佛、似道非道的泥包铁像。

　　北门庙宇群与北城门及瓮城紧密结合在一起，有空王殿、三大士殿、二郎庙、痘母宫、真武庙、吕祖阁等。这众多的庙宇中，最著名的是明代空王佛行宫。空王殿并不大，只有三开间，殿顶明代三彩琉璃装饰，刀工细腻，烧制精致，形象逼真，栩栩如生，是山西琉璃艺术的代表作。最珍贵的是殿前廊下两通琉璃碑。碑体琉璃烧造，孔雀蓝底，黑字书写，碑额为青黄绿二龙戏珠，两边蓝黑龙纹花卉装饰图案。据专家考证，这两座碑是我国目前唯一发现的琉璃碑，具有很高的文物价值。

| 1 | 1 关帝庙内的壁画 |
| 2 | 2 砖雕夔龙墀头 |

1 | 1 北门瓮城
2 | 2 空王殿中的明代空王佛

贾家巷张家大院大门

张壁古堡在我国城市建设史上具有很高的独特的研究价值，同时又是集军事、宗教、民族、民居、民俗、历史文化于一体的文化综合体。专家称它是："地下地上双城子，堡垣庙院博物村"。同时古堡也留给后人十多个未解之谜，使它充满了神奇的魅力。

资 讯

1. **交通：**没有公交车直接到张壁村，在介休市包车是最好的办法，费用大概50元，30分钟到。

自驾车从大运高速介休出口下车，第一路口左转，两公里左右可以再次看到一个十字路口，继续左转，前行1.5公里左右可以看到右手边为旅游专线路口，大概走八到十分钟，路口处右转，三百米左右就可以看到张壁古堡的停车场。

2. **住宿：**介休市区住宿

3. **吃：**介休市区

4. **门票：**60元

开放时间：全天开放

5. **联系电话：**0354-7086156（景区电话）

6. **周边景区：**绵山 王家大院

曹家另一处保存较好的院落——"喜"字院

"民间故宫"曹家大院
——北洸村

太谷县北洸乡北洸村，是著名晋商曹家的大本营。曹家大院"三多堂"位于村落的东北角。

明洪武年间，曹家始祖曹邦彦由太原华塔村迁居太谷北洸村。到明万历年间曹家第14代曹三喜迫于生计去闯关东，在热河的三座塔谋生，开始时以种地、养猪和磨豆腐为生，后开设"三泰号"经营酿酒业，家业渐渐发展起来，回北洸村修建曹家大院东院。到清顺治年间曹家十五世曹玉台在关内广设商号，并修建

曹家寿字院屋顶

曹家大院中院。清康熙年间，曹家十六世曹北远使曹氏商业发展到鼎盛期，修建曹家大院西院和西花园。到道光、咸丰年间，曹家达到鼎盛时期，当时大江南北都有曹家的铺面，达 640 余座，资产高达 1200 万两白银，雇员有 37000 人，所以乡民有"凡是有麻雀飞过的地方都有曹家的商号"的说法。后又跨出国门开始经营跨国生意，并在山西和蒙古间开辟出茶叶之路。从清代光绪年间开始，由于战争、商业竞争、子孙的骄奢淫逸走向了衰败。

曹家极盛之时，在北洸村相继建起了一批布局庞大富丽堂皇的宅院。其中尤以"福"、"禄"、"寿"、"禧"字形建造的四座大院最具代表性。幸存下来的"寿"宅院，是曹三喜的四儿子修建的以多福、多寿、多男为内容的"三多堂"。

雄伟壮观的高楼显示了当年曹家雄厚的财力

1 | 1 雕梁画栋的祠堂
2 | 2 室内陈设

这座宅院总占地面积 10638 平方米，建筑面积 6348 平方米，以高耸大雅、厚重古朴的特色冠于群院之首。宅院坐北朝南，分南北两部分，东西并排三个穿堂大院，连接三座三层 17 米高的楼房，内套 15 个小院，现存房舍 277 间。整个院落院中有院，错落有致，具有高耸、厚重、古朴的特色。整个建筑雕梁画栋，砖、

1 | 1 绣楼
—
2 | 2 慈禧太后赐给曹家的
金火车头

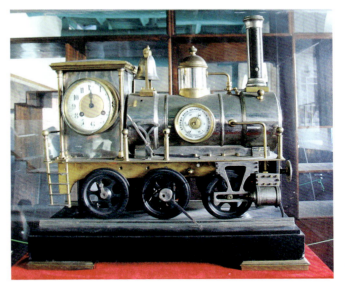

木、石"三雕"技艺高超，彩绘艺术精美。站在远处观赏，三座顶楼和整个建筑一起，酷似三头庞大的"牛"、"羊"、"猪"形。这种追新逐奇的建造意识，给宅院平添了几分辉煌和神秘。

1	2	3
4		

1 从成排的拴马桩可以想象出当年曹家兴盛时的景象

2 精美的绣楼砖雕

3 卷棚顶山墙

4 三多堂大门

1 | 2
3

1 观察第主楼大门
2 戏台院
3 三多堂"惠风和畅"院落

《山西通志》称曹家为晋商首富。20世纪初期曹家买了一辆美制汽车，当时山西督军阎锡山也还没坐上汽车，曹家的财富实力由此可见一斑。曹家还购买了发电机，安装了电灯电话，开了山西省奢华风气之先。人说"稀世国宝在故宫，民间珍品三多堂"。曹家大院现在建成了三多堂博物馆。馆内陈列有"曹家经商史"、"明清家具展"、"瓷器馆"和"珍宝馆"四大主题。

"曹家经商史"主要反映曹家历代从艰辛的创业到创造辉煌和走向衰落的过程。"明清家具展"陈列有世所罕见的用92块天然花纹大理石镶成的"百寿大屏风"以及400多件明清家具。"瓷器馆"陈列有近2000件瓷器，大大小小，琳琅满目，其中不乏明、清珍品。

"珍宝馆"展出有清宫国宝金火车头钟。这是法国给清廷的贡品，用黄、白、乌三种金制成，重84.50市斤，上镶时钟、晴雨表，上好发条可沿轨道而行进。这件国宝是庚子年间，八国联军入侵北京，慈禧太后西逃入晋，盘缠不够，曾向曹家借数十万两白银，慈禧太后回京后不想还钱，便把乾隆年间法兰西使节送给清皇室的"金火车头钟"赐予曹家，算是了结了这笔账。不过民间还是留下了"金钟今尚笑西后，无有曹家怎北归"的说法。另一件珍宝是明代大画家仇瑛临摹北宋张择端的《清明上河图》，生动逼真，价值连城。

三多堂的建筑是明清时期山西富商住宅的代表之一，它对研究明清历史、晋商历史、建筑史学等都有很大的价值。

资　讯

1. **交通**：到祁县东观走108国道往太谷县方向5公里即到。

2. **住宿**：无。

3. **吃**：无。

4. **门票**：35元

开放时间：8:00—18:00

5. **联系电话**：0354—2636533

6. **周边景区**：乔家大院　绵山　无边寺

山西国家级历史文化

■　名／村／名／镇

汾河岸边古城堡
——夏门村

　　灵石县夏门镇夏门村是一个依山傍水的城堡式古村落。汾河在这里曲折而行，自东向西绕村而去。汾河转弯处是龙头岗，夏门古堡就建在高高的龙头岗上。由于这里风景秀丽，堡内建筑雄伟壮丽，在清代嘉庆年间纂修的《灵石县志》中，将"夏门春晓"定为"灵石八景"之一。

　　"夏门"的来历可以追溯到远古时代。山西有一句著名的民谚叫"打开灵石

1 | 2　　1 院上有院
　　　　2 百尺楼

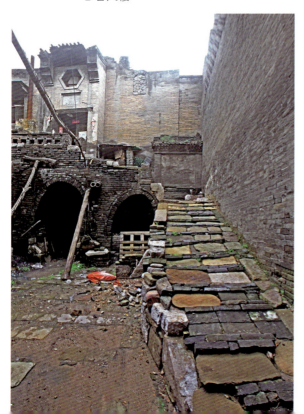

1 | 1 院内台阶
2 | 2 民居大门

口，空出晋阳湖"。说的是相传夏禹治水时凿开"灵石口"（即今天夏门村所在地）导引汾河水流入黄河。清代诗人李先达《夏门道中》云"峭削夏门道，疏排禹力神"，就是引用此典故。后人为了表达对夏禹治水功绩的纪念和感激之情，特将此处命名为"夏门"，"夏门村"由此得名。

山西国家级历史文化 ■ 名／村／名／镇

　　夏门村的兴盛，与史称"灵石四大家族"之一的梁氏家族的发迹有着密切关系。夏门梁氏的始祖梁福山于明代嘉靖年间由陕西渭南迁入夏门村居住。梁家初以佃耕为生，渐渐自耕兼商，后靠办粮店发家，家境渐趋殷实。梁氏家族崇尚诗书，仕宦传家，明、清两朝族中先后有 185 人在朝为官，其中五品以上官员 66 人，三品以上官员 18 人，成为当地历史上显赫的名门望族。其中最出名的是因审理清代著名案件"赵三姑案"而名动京晋、

1	
2	3

1 砖雕屏风
2 错综复杂的巷道
3 城门洞

清史留名的铁面御史梁中靖。夏门古堡现存主要建筑就是梁氏家族建造的。古堡始建于明朝万历中期（16世纪90年代），经历康熙、乾隆等朝，到嘉庆时期达到最高峰，此后建设持续到清朝光绪年间（19世纪），历时300余年。梁氏后人至今仍有人生活在古堡中。

夏门古堡虽经历了400余年的风霜雨雪，有部分人为的拆毁、自然的侵蚀，但始终没有改变原有的格局，仍然完整地保存了原有的街巷、院落、堡墙、堡门等。现存古建筑面积约7.5万平方米。现有保存完好的院落6组共60余幢，窑洞、传统民居千余间。现存的建筑类型有堡墙、堡门、飞桥、祠堂、庙宇、官宅、民居。官宅是堡内保存最好的建筑。主要有大夫第、御史府、知府院、深秀宅、道台院、百尺楼等。堡内建筑窑窑相通、院院相连，街巷连通且有暗道相连，是夏门古村落建筑群的一大特色。

修建于清代乾隆年间的百尺楼是夏门标志性建筑。据说是以古诗"危楼高百尺，手可摘星辰。不敢高声语，恐惊天上人"而得名。夏门村汾河西岸是直立的

关帝庙

峭壁，百尺楼便依峭壁直上直下高 40 多米。楼下部为砖石结构，上部为砖木结构。楼为四层。第一层窑洞三孔，中间开有一小门。两边窑洞各留小窗一个。第二层亦为窑洞三孔，各有一个窗户。第三层是相互连通的四孔窑洞，窗户较大，宽敞明亮。第四层是砖木结构敞廊。后

	1	1 过街天桥
2	3	2 院落外观
		3 街巷

墙壁有小门与主院相通。该楼以峭壁为靠，以峻岭为依，以汾河为险，以磐石为基，建筑奇特而雄伟。百尺楼曾是当年梁氏家族赏景和会客之处，众多文人雅士都留下赞美诗词。清代光绪年间孝廉王志恬有赞美百尺楼的诗句"夏门楼阁枕云湄，小李将军笔可追。细雨浓螺花艳艳，微风轻燕柳垂垂"。梁氏家族的梁中舆留有"楼台衔晓月，桃柳醉春风。山断高林补，河围曲径通"的诗句。嘉庆丁丑县令王志融挥笔题名"夏门春晓"，刚劲有力的摩崖石刻，迄今仍留在楼旁崖壁上。

不少来过夏门古堡的专家学者都发出赞叹：这是一座神奇的古堡！

资 讯

1. **交通**：灵石县汽车站坐车到夏门村。

2. **住宿**：可到灵石县住宿。

3. **吃**：小饭店。

4. **门票**：无

开放时间：全天

5. **联系电话**：0354-7741003（夏门镇政府）

6. **周边景区**：绵山风景区　王家大院　石膏山国家森林公园　后土庙景区

秦晋古驿道咽喉
——冷泉村

　　灵石县两渡镇冷泉村古称冷泉关，地处晋中盆地南端，是灵石雀鼠谷的北口，是三晋腹地之咽喉，扼南北交通之要冲。《通志》曰：关外以北皆平原旷野，入关则左右山河，实为南北之咽喉。有一夫当关，万夫莫开之险。南北有秦晋古驿道相通。古往今来是秦晋通商必经之路，兵家军事之要塞。素有三晋雄关，河东重镇之称。

　　相传冷泉关是汉初汉高祖为北拒匈奴所设，因冷泉寒冷，又处于雀鼠谷北口，按"阴阳而论北者为阳"，所以起名"阳凉关"。

　　宋史记载为"阳凉北关"。后因关中有一冷泉出名，逐步变为冷泉关。明代

院落

1 | 1 种德锄经院
2 | 2 长满野草的街道

记载，关内盈盈居民千家，富商巨贾数不胜数。《灵石县志》万历版记载，冷泉为冷泉镇辖十村，设有巡检司、驿站。驻军一百余人，由一千总统领。清初顾祖禹的《读史方舆纪要》四十一卷记载"冷泉镇，在县北四十里，有冷泉北流入汾，镇因以名。灵石口巡司置于此。《志》云：镇有冷泉渡，临汾河，其南三十里有下河门渡，相近

又有南山小水渡。"由于冷泉关地处交通要道，便自然成为古代来往商旅的驿站，慢慢由最初的军事防御要地演变成商业繁华之地。来往于此的名人雅士留下许多诗句，如：唐朝大诗人李商隐曾夜宿冷泉关并留有佳作《寒食行次冷泉驿》，咏介山汾水之秀，春寒禁火之苦，诗曰：

归途仍近节，旅宿倍思家。

独夜三更月，空庭一树花。

介山当驿秀，汾水绕关斜。

自怯春寒苦，那堪禁火赊。

1 | 2　1 废弃的院落长满野草
　　　2 树德务滋院

山西国家级历史文化

■ 名 / 村 / 名 / 镇

如今的冷泉村已形成新旧两个村落。新冷泉村在旧冷泉村的山脚下。旧村落东面背靠太岳山，坐落于太岳山余脉高高的山峰上。此峰由两涧深沟中突兀出来，直至汾河沿岸。高耸的城门，由青砖砌筑而成，一层为拱形门洞，二层为砖木结构，登临其上，汾河沿岸两面峰峦，上下远景，尽收眼底。堡门底道由青石铺设，呈斜坡状直线延伸，形成堡中一条主街道，尽至后山城门。而在纵向街道的两旁，分别建有八条横向的小巷，通过一纵八横把全村贯穿起来，形成一个整体。纵向的街道就像蝎子的身子，八条横向的小巷就像蝎子的八条腿。整个村子像一只蝎子，所以人们也叫它蝎子村。现在旧冷泉村只住了一个六十多岁的单身汉和他年逾八十的老父亲。因少有人走过，街道上杂草丛生，房屋倒塌，一片破

1	2

1 耕读第
2 怀仁巷

1 | 1 泰山石敢当
2 | 2 父子俩是现在村中仅有的居民,其他
村民都搬到山下的新村去了

败景象。只是从"怀仁巷"、"耕读
第"、"种德锄经"等砖雕匾额仍能
想象到当年村内的热闹场面。冷泉
村由一个个独立的小院组成,院门
或东或西,或南或北,相互之间没
有联系,自成一体,只有街巷相连,
与其他地方院套院、院连院的格局
很不相同。由于保存了较为完整的
历史风貌,村内院落功能齐全,建
筑类型丰富,建筑艺术精美,在建
筑风格上体现了惜地节材理念,这
对于今天的建筑创作仍具有很高的

山西国家级历史文化 ■ 名／村／名／镇

借鉴价值。

　　历史上冷泉村曾经辉煌，但从明嘉靖年间开始日益衰落，到解放初期村里只有三百余口人。随着人们迁离古村，冷泉关渐渐被人们遗忘。现如今灵石八景之首的冷泉村已被评为国家级历史文化名村，相信不久的将来冷泉村定会重新焕发新貌。

资　讯

1. **交通**：灵石两渡镇租车。

2. **住宿**：灵石县城。

3. **吃**：山下新村有小饭店。

4. **门票**：无

开放时间：全天

5. **联系电话**：0354-4784472（镇政府）

6. **周边景区**：

一街五堡凤凰村
——梁村

　　平遥县岳壁乡梁村，是一个由一街五堡组成，布局呈凤凰展翅之状的古村落，人称"凤凰村"。

　　关于梁村的历史鲜有记载。但从民间流传的谚语"先有源池梁村，后有平遥古城"及村中那需几人才能合抱的参天古槐树不难推测这是一个历史悠久的古

积福寺

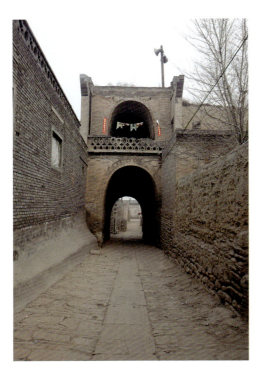

1 | 2　　1 堡门一
　　　　2 堡门二

村。村北有一座五层六边形古砖塔，名渊公宝塔。据村里积福寺碑文记载，宝塔始建于元朝元贞二年（1296 年）。

梁村一街五堡的凤凰展翅状布局结构是古代民居珍贵的范本。总长 1060 米的古源街北广胜寺如凤头高昂，东和堡、西宁堡雄居东西似凤展双翅，中有南乾堡、昌泰堡则为凤凰之腹，村南天顺堡如凤尾高扬。东和堡年代最久，地势最险，民居呈"北斗七星"之状分布；西宁堡两面环水，景色秀丽；昌泰堡呈"土"字形分布，以四合院为多，较为简陋；南乾堡、天顺堡则分别呈"玉"、"王"字形分布，是保存最为完整的两个堡。梁村民居建筑类型众多，保存完整的历史院落有 132 座，且多为"日"字形和"目"字形的二进或三进院落。

天顺堡堡门、堡墙完整。走进堡内街道两边都是高耸的砖砌围墙，巷道幽深狭长，深宅大院相连。天顺堡是由平遥蔚泰厚总经理及蔚字五联号总管毛鸿瀚联合冀、邓、王、史等五姓人家共同投资兴建的。走进大院，设计考究的照壁，悬山顶垂柱过门，门楣、横梁上精美的木雕图案，复杂多变的窗棂，雕刻精细的柱

础，寓意深长的匾额……这一切都记载着晋商的历史，见证了曾经的繁荣和兴盛。

南乾堡内一条石板路贯穿全堡。以此路为中心，两侧有小巷通往各院，这样的结构再现了唐代"里仿制"。堡内存有一造型奇特的戏台，前面是宽敞带天花板的表演场地，后面则是窑洞式后台。戏台两侧有残存的壁画，台柱上有联曰"菊蕊初盼曲将幽艳临歌扇，霓裳迭奏雅倩新声徬泉蝉。"戏台前宽大的广场如今成了村里老人小孩聚集的场所。

1	1 窑洞门一
2	2 窑洞式戏台

戏台壁画

　　梁村古庙众多。积福寺、广胜寺等大庙集中建于村北，相距仅百米左右，形成了寺庙建筑群。广胜寺曾经僧人众多，佛事齐全，如今依然香火旺盛。小巧玲珑的观音堂等寺庙则散落在堡内。

　　梁村自古为风水宝地，人杰地灵，英才辈出。著名的"蔚泰厚"票号经理毛鸿翰，著名商人冀桂、邓万庆，清代举人、民国议员冀鼎选等名人皆出自该村，明清时期该村经营店铺票号的掌柜、经理多达百人。因此才有了"平遥四百零八村，数一数二数梁村"的美誉。

观音堂

街道旁高耸的院墙

1 | 1 堡内街道
2 | 2 带廊檐窑洞四合院

1 戏台、堡门
2 古槐

山西国家级历史文化

■ 名／村／名／镇

1	2
3	

1 窑洞门二
2 窑洞门三
3 院落

二进院门楼

资　讯

1. **交通**：平遥县城租车6公里。

2. **住宿**：回县城住宿。

3. **吃**：建议回县城。

4. **门票**：无

开放时间：全天

5. **联系电话**：0354-5750196（乡政府）

6. **周边景区**：平遥古城

临汾市

LIN FEN SHI

黄土高原山地民居经典村落
——师家沟

　　汾西县僧念镇师家沟村，布局巧妙、结构奇特、建筑精美。由于地处偏僻，交通条件差，在历经 240 多年风雨剥蚀及动荡与战乱中得以幸存，如今仍基本完整。

　　师家沟村的历史并不长。师、要是村中两大家族。据师家沟村《师氏家谱》记载，清朝康熙中期，师家祖先师文炳定居于此。《要氏家谱》并没有提及要家迁至此地的具体时间，由辈分推算，约是在明末崇祯年间。由此推测师家沟建村应在明代中晚期。

村外的砂石牌坊是师家沟村的标志性建筑

1 | 1 "大夫第"院落正房
2 | 2 从"大夫第"院看层叠的院落

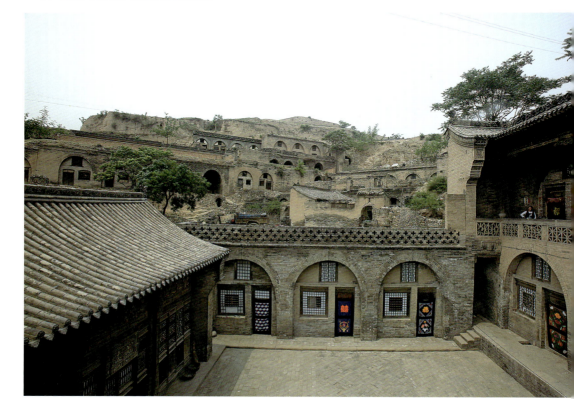

师家沟民居布局充分利用了黄土高原的山坡沟地形态，顺势构思，设计巧妙。它的总体布局可以概括为"一个中心，一条环道，三组建筑形成风车状的村落布局"。具体说就是村中所有院落分成三个组团呈风车状围绕在村中心"福地"周围，院落周围是一条规则的环道。环道外是村里的作坊、牌坊、寺庙等公共建筑。

层叠的院落

1｜1 条石铺成的坡道
2｜2 "竹苞院"外巷道

1 "巩固"院内景
2 "大夫第"院落厢房

1 | 1 "大夫第"院落
2 | 2 竹苞院正房

　　据史料记载，师家沟最有名的师家大院民居始建于乾隆三十四年（1769年），为商人师法泽所创建。经嘉庆、道光、咸丰、同治四期，历经80余年逐步扩建而成。共有大小三十一座院落。以四合院、二进四合院、二楼四合院、三楼四合院为主体。个个院落是相通的，院中有院，院上有院，进院又出院，出院又进院，前院望后院，上院观下院，进院如入迷宫一般。院落之间巧妙地用圆门、偏门、耳门、楼门、屏门、暗门连在一起，形成了由下而上、楼上楼、院中院的奇特格局。故有"走进一家院便串全村门"和"关好八大门，锁好十小门，行人难出村"之说。主体院落建筑周围的环道是用条石铺成的人行道，长达一千五百余米。由于坡度大，又处处与排水道接通，下雨时存不住雨水，故有"下雨半月不湿鞋"的说法。

　　建筑雕刻是师家沟最宝贵的艺术，村里几乎每个院落都有雕刻图案。其木雕、石雕、砖雕，分别装饰着门窗、斗拱、雀替、挂落、栋梁、照壁、柱础、门墩、匾额、墀头、门罩等各个方面，体裁多样，内容丰富。可以说，师家沟是清代建筑雕刻艺术的宝库。

这些雕刻中最具特色的是匾额和隔窗。师家沟现存有木质匾额158处，砖刻牌匾47处。这些匾额的内容或是院宅名字，或是抒情言志、祈福恭贺、修身养性、教化励后。仔细研读其内容皆有典故和出处，显示出深厚的文化底蕴。仔细观察，牌匾上的字迹功力深厚，刚劲有力，实为书法艺术精品。师家沟的隔窗装饰精美，花样繁多。据说共有108种不同的样式。它们使用不同的元素进行组合，从而获得独特的韵律节奏。其中锦式棂格窗与花格窗最多。简洁的图案通过不同的排布变得丰富多彩，成为师家沟门窗装饰的一大特色。其中"尚志"门帘架字的背景为镂空十个如意雕刻，其间有八只蝙蝠，寓意富贵吉祥如意。四周是八宝回纹和暗八仙。

1 1 "成均伟望"院门上的木雕
2 2 "大夫第"院落倒座隔扇门
3 3 "巩固"院落"敦本堂"外院

278

"大夫第"大门外景

整个帘架精致而不冗繁，富贵而不失雅致，可称是绝品。

　　师家沟民居可以说是一部山地建筑的经典，是耕读文明的窑居典范，是建筑雕饰艺术的宝库，是中国北方民居的杰出代表。它的营建思路值得今人借鉴，曾被国际古建筑学术界认定为：山区空间扩张利用建筑体"天下第一村"。

资讯

　　1. 交通：汾西县紧邻霍州市，可以从霍州桥西搭乘去往汾西县的中巴，中途在僧念镇下车，然后租辆小面包直抵师家沟。2010年已新修了条从霍州到汾西的柏油路，中间正好经过师家沟。不过因为这条新路两边村子较少，所以发往汾西的中巴还是走老路。

　　2. 住宿：农家。

　　3. 吃：农家。

　　4. 门票：无

　　开放时间：全天

　　5. 联系电话：0357-5162145（镇政府）

　　6. 周边景区：霍州署衙　陶唐峪　七里峪

山西国家级历史文化　■　名/村/名/镇

千年县城"标本"
——汾城

　　襄汾县汾城镇，是中国古代县级城市的标本。

　　汾城古城，始筑于唐。唐初大将尉迟恭被封为鄂国公，封地就在今天的汾城一带。开始修建帅府"鄂公堡"，又称"敬德堡"。据说唐贞观七年（633年），太

文庙大殿

平县城迁移到鄂公堡即今汾城镇。民国初年，改为"汾城县"。1954年，襄陵县与汾城县合并后称襄汾县。县人民政府驻地迁到史村，即今襄汾县城。于是汾城撤县改镇。

世事如棋，祸福难料。或许，汾城正是因为从县城降格为乡镇，从此被冷落而不再受人注目，其古建才得以幸运地完整保存下来，才有了今天保存完整的古代县级城市标本。

这里至今保留着从金大定二十三年（1184年）到清末的建筑十一处，有城隍庙、文庙、县衙大堂、鼓楼、社稷庙、文峰塔、洪济桥、城墙等。总建筑面积达5000平方米，占地4万平方米。

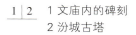

1 | 2   1 文庙内的碑刻
         2 汾城古塔

文庙泮池

鼓楼

县衙大堂

汾城古建筑最古老的是洪济桥，规模最大、保存完整的是城隍庙和文庙。

洪济桥是一座廊桥，始建于金大定二十三年。桥身为单砌单券单孔拱桥，桥上东西纵向建桥廊五间，木石结构，单檐歇山顶。清乾隆年间将木桥柱改为石柱。

城隍庙创建于明洪武二年（1396年），天启三年至七年（1623—1627年）重修，清乾隆三十四年（1769年）维修。占地面积2540平方米。坐北朝南，为二进院落布局，中轴线现存有影壁、石旗杆、庙门、戏楼、献亭和大殿，两侧为东西牌坊、钟楼、鼓楼及西厢房。城隍庙前街道东、西各有一座牌坊，东面牌坊上写着：鉴察坊，西面牌坊上则只有两个字：翊镇。城隍庙大门，斗拱重叠犬牙交错，四角飞檐翘首凌空，对面的影壁中央蟠龙腾飞，两边的楹联：人化物，物化人，人物无穷；生了死，死了生，生死不息。走进庙内，古柏苍苍，殿堂巍巍。钟楼、鼓楼左右列峙，戏台、正殿相得益彰。大殿面宽五间，进深六椽、四周围廊，单檐悬山顶，琉璃脊饰，殿前建十字歇山式献亭。与庙门紧紧融为一体的复

1　1 洪济桥
2　2 城门洞

合结构戏楼，建筑精巧、用料粗犷，是元、明、清三代不断重修的杂合之物。庙里的五棵古柏，估计树龄大都在千年左右。最粗的一棵，三人伸臂方可环抱。这棵古柏，在树身的分杈处，寄生着一株枸杞，令人称奇。

　　文庙建筑面积为 6 千平方米，始建于唐，元至元二十年（1275 年）、至正十九年（1359 年）及明代重修，现存均为明代建筑。主要建筑由影壁、棂星门、泮池、大成门、名宦祠与乡贤祠、东西两庑、月台、大成殿、藏经楼、启圣祠（内供孔子五代祖先）等组成。文庙的棂星门是尨岗石结构，两旁

的石柱上各缠绕着一条巨龙。大成门内古柏参天，清雅宜人，院中央是泮池，上有状元桥。穿过戟门进入正院，大成殿前古柏挺拔，露台依然，左右两侧庑殿完好。庙内还存有明清重修石碑8通，有两通笔法苍劲，是明代江南四大才子之一的书法大家文征明传世的墨宝。

汾城像矗立在汾河边的一座千年不朽的丰碑，包容了古老的建筑、艺术、民俗文化等传统文明。

1｜1 献殿藻井
2｜2 鉴察坊

城隍庙清代戏台

1 1 忠义孝弟祠
2 2 城隍庙大门木雕

居民大门

山西国家级历史文化

名／村／名／镇

城隍庙前影壁

资　讯

1. 交通：襄汾县城到汾城镇交通不是很方便，最好包车前往，两地相距 16 公里。

2. 住宿：有小旅馆。

3. 吃：小饭店。

4. 门票：无

开放时间：全天

5. 联系电话：0357－3666101

6. 周边景区：丁村文化遗址

运城市

YUN CHENG SHI

文物古迹遍地的古村
——光村

新绛县泽掌镇的光村，是一个文物古迹遍地、文化底蕴深厚、极具研究价值的古村落。

光村有 3000 多年的历史。早在新石器时代，这里就有人类繁衍生息。古村落形成于东周战国时期，据说是蔺相如后代居住的村落。其村名的由来，有这样一段神奇的传说：相传，北齐某夜，光村上空突然出现了五彩缤纷，耀眼夺目的

福胜寺二进院落

光芒，一时光明如昼，遂以吉兆上报朝廷，龙颜大悦，赐名光村。目前村里有国家级文物保护单位 2 处、省级文物保护单位 3 处，村内的遗址、寺庙、舞台、祠堂、民居等建筑都十分独特。

1
2	3

1 高浮雕雀替
2 柱础一
3 柱础二

1 | 1 玉皇庙
2 | 2 高大的看家楼

　　光村遗址位于光村西北 100 米处，属新石器时代仰韶文化时期遗址，面积约 50 万平方米，系山西省重点文物保护单位。遗存以仰韶文化为主。其文化特征，以陶器为主。始建于唐贞观年间的福胜寺坐落在村北，是全国重点文物保护单位，占地五亩。大殿北面悬塑童子拜观音，整幅图案碧海苍天、祥云福霭，童子天真、菩萨祥和，尽显雕塑手法之精湛，为绝无仅有的稀世珍品，属国家一级保护文物。三佛洞大院东西两殿供奉着战国时廉颇和蔺相如。廉蔺得以与佛祖共享香火，全国仅此一家。另外，村里还有北雄山、玉皇庙、半截塔、通灵碑、子母池、火神庙、碑顶柏等文物古迹。

1	2
3	4

1 从院内看看家楼
2 大门和巷道
3 "衍三多"大门
4 "怀永固"大门

1 福胜寺大殿
2 木雕佛龛

　　光村深厚古老的文化积淀，不仅是有大量文物古迹，还表现在那独具特色的民居建筑上。

　　光村传统建筑的主要特色是民居院落形式多样，基本上以四合院为主，有四大八小院、四穿院、平楼院、楼阁院、书房院等形式，院落布局灵活多样，空间格局灵活多变，建造工艺高超。最具特色的是民居大门入口处以高大门楼彰显主人生活的富贵奢华。村中原有 14 处阁楼（又称鸽楼或看家楼）建筑，现仅存两座。阁楼置于院落入口门楼之上，其高度可达四五层楼之高，青砖砌成，内设楼梯，上有垛口。有瞭望、防盗、防火之功能。光村有蔺、薛、赵、王四大姓，每家都有大院。最著名的赵家十八院、薛家二十四座院落可惜大多已损毁。但在有幸留存下来的院落里仍能看到那檐角的精美木雕，那石雕柱础，那带阑干的木楼，那雕花窗户。这些古民居大都是嘉庆年间所建，院落紧凑，布局合理，门庭装饰古色古香，幽静高雅，看得出当时主人的高贵地位和富裕家境。

除了上述古迹、民居，光村还有国家级非物质文化遗产——中国四大名砚之一绛州澄泥砚，以及木版年画、面塑、剪纸、书画、雕塑等形成了该村独树一帜、古香古色的传统文化特色。这一切把光村历史的辉煌展现得淋漓尽致，可以说，整个光村就是一本深奥的村居文化宝书。

致力于民间文化遗产保护的全国知名人士、著名作家、画家冯骥才先生考察光村古村落时这样评价："这里的文化遗产这么地道。这些椽子很有历史的味道，别看这些门楼破旧，历史的价值都写在上面。"

资 讯

1. 交通：位于新绛县城西北 17 公里，可乘新绛县前往光村的乡村公交或包车前往。

2. 住宿：住宿可在新绛县。

3. 吃：农家或小饭店。

4. 门票：无

开放时间：全天

5. 联系电话：0359-7523731

6. 周边景区：绛州三楼 绛守居园池 文庙 天主教堂 绛州大堂 阳王稷益庙 绛州文庙

慈善世家李氏家族聚居地
——阎景村

　　万荣县高村乡阎景村，是慈善世家李氏家族的聚居地。村内保存有清末民初李氏家族的宅院群落，人们习惯称之为李家大院。

李氏家族祖籍陕西省韩城市相里堡村。明朝永乐年间，李家的先祖相里百泉只身逃难到万荣县薛店村，并改姓为李，以缠簸箕、扎罗底为生，开始艰难创业。明末时第八代李永山迁居到阎景村。到1827年十三代文字辈李文柄、李文慰弃农经商，以贩卖土布起家，成立商号，李氏家族渐成富甲一方的巨商。

1	1 大门上的铁饰
2	2 李家大院全貌

十二面照壁

山西国家级历史文化

■ 名／村／名／镇

李家大院始建于清道光年间，规模宏大。原有院落 20 座，现存院落 11 组、房屋 146 间，另有祠堂、花园、打麦场等，占地 125 亩。建筑面积 5 千多平方米。古院落群排列有序，装饰考究，古朴典雅。整个建筑融合了北方四合院、南方徽式建筑和欧洲哥特式建筑三大风格，既有晋南四合院藏风聚气的民族特点，又具江南园林雅舍秀美的特色，并展示出中西文化交流融合的艺术风采。

李家大院具有三大特色。一是独特的中西合璧的建筑艺术风格；二是精美绝伦的砖、石、木三雕艺术和以匾额、对联为代表的深厚中国传统文化底蕴；三是善行天下的经商理念与道德崇尚。这些形成了李家大院独具特色的观赏价值、艺术价值和旅游开发价值。

砖雕

1 | 1 李氏宗祠大门木雕
2 | 2 "庆有余"大门上的砖、木雕刻

1	2
3	4

1 巷道
2 仿哥特式门楼
3 石狮和柱础一
4 石狮和柱础二

1 私塾院
2 院落内景

李家大院主体建筑显得有些特别，相比中国传统建筑似乎有点西洋化。这是因李家十五代传人李道行曾留学英国，并娶英国女子麦克蒂伦为妻，于1914年回国并修建部分院落。这些院落带有明显的欧洲"哥特式"建筑风格，从而使整个建筑呈现出明显的西洋风格。整个院落中西合璧，独具特色，反映了中西文化交流融合的艺术特点。

1　1 善字影壁
2　2 月亮门

一经楼，俗称藏书楼

在李家大院中，建筑装饰富有特色。精美绝伦的砖雕、木雕、石雕艺术品随处可见，寓意深远的匾额楹联俯拾皆是，这些都生动地反映了博大精深的中国传统文化，堪称大院一绝。走进李家大院，犹如走进中华文化博物馆，满眼是那错落有致、古香古色的传统民居，深宅大院的巷陌老街，各式各样精妙绝伦的砖木石雕，大门两侧的"一粥一饭当思来处不易，半丝半缕恒念物力维艰"，"祖宗虽远祭祀不可不诚，子孙虽愚经书不可不读"和"知乎天地德为本，止也吉祥室有余"这一切既让人大饱眼福，又令人回味无穷。

李家大院的文化特色不仅仅表现在建筑上，更主要是表现在李氏家族的"善行义举"上。李家能博施好济，以"善"闻名，李家把"以仁制利"、"怀义去利"作为经商理念，世代富而不骄，富而不奢，富而行仁，乐善好施，广做善事，代代相继。每当国家有难、乡邻有愁、天灾人祸之时，总是鼎力支持解囊相助。至于修桥补路、兴办教育、粥棚舍饭、施药济民等善举，更是不胜枚举，人们称李氏家族为"慈善世家"。"但将荣辱连家国，未敢丰盈忘苦寒"、"善本商家气象仁风习习还播雨，信为历代荣光德业煌煌总厉人"、"一家忧乐关天下，四海阴晴到屋边"等对联是李家几代人以善为本的形象写照。

李氏家族以农耕起家，继而从商，继而兴办工业的传奇经历在晋商史上留下了浓重一笔。其家族世代乐善好施、博施济众的善行更是感动了和感动着万千后人。李家大院也以其博大精深的"为善之道"展示着其别具一格的独特魅力。

资 讯

1. **交通**：火车：太原乘直达运城的火车，然后在运城中心客运站转大巴直达李家大院。

汽车：大运高速直行，行程4小时，若有自驾车，自运城沿209国道40分钟即到。

2. **住宿**：可到运城或万荣县住宿。

3. **吃**：到运城市或万荣县。

4. **门票**：50元

开放时间：08:00-18:00

5. **联系电话**：0359-4823288，4823333

6. **周边景区**：万荣飞云楼　后土祠

主要参考文献

1. 李玉祥等　山西老房子（上、下）　江苏美术出版社　1995

2. 陈志华　张壁村　河北教育出版社　2002

3. 孙丽萍　屋宇春秋——山西老宅院　山西人民出版社　2002

4. 楼庆西　西文兴村　河北教育出版社　2003

5. 李秋香等　郭峪村　河北教育出版社　2004

6. 陈志华　古镇碛口　中国建筑工业出版社　2004

7. 谢红俭　晋城古堡　山西古籍出版社　2005

8. 颜纪臣等　山西传统民居　中国建筑工业出版社　2006

9. 郑孝时　明清晋商老宅院　山西经济出版社　2006

10. 乔忠延　襄汾览胜　山西人民出版社　2006

11. 山西省建设厅　山西古村镇　中国建筑工业出版社　2007

12. 张昕　画说王家大院　山西经济出版社　2007

13. 朱向东等　晋商民居　中国建筑工业出版社　2009

14. 王金平等　山西民居　中国建筑工业出版社　2009

15. 王修筑　从历史中走来的古村落　山西人民出版社　2010

16. 晋城市建设局　山西晋城古村镇　中国建筑工业出版社　2010

17. 薛林平等　山西古村镇系列丛书　中国建筑工业出版社　2010

18. 张宏等　中国历史文化名村——良户　山西人民出版社　2012

附录一

山西省国家级历史文化名村名镇名录（30个）

中国历史文化名镇（第一批）名单

　　山西省灵石县静升镇

中国历史文化名村（第一批）名单

　　山西省临县碛口镇西湾村

中国历史文化名镇（第二批）名单

　　山西省临县碛口镇

中国历史文化名村（第二批）名单

　　山西省阳城县北留镇皇城村

　　山西省介休市龙凤镇张壁村

　　山西省沁水县土沃乡西文兴村

中国历史文化名镇（第三批）名单

　　山西省襄汾县汾城镇

　　山西省平定县娘子关镇

中国历史文化名村（第三批）名单

　　山西省平遥县岳壁乡梁村

　　山西省高平市原村乡良户村

山西省阳城县北留镇郭峪村

山西省阳泉市郊区义井镇小河村

中国历史文化名镇（第四批）名单

山西省泽州县大阳镇

中国历史文化名村（第四批）名单

山西省汾西县僧念镇师家沟村

山西省临县碛口镇李家山村

山西省灵石县夏门镇夏门村

山西省沁水县嘉峰镇窦庄村

山西省阳城县润城镇上庄村

中国历史文化名镇（第五批）名单

山西省天镇县新平堡镇

山西省阳城县润城镇

中国历史文化名村（第五批）名单

山西省太原市晋源区晋源镇店头村

山西省阳泉市义井镇大阳泉村

山西省泽州县北义城镇西黄石村

山西省高平市河西镇苏庄村

山西省沁水县郑村镇湘峪村

山西省宁武县涔山乡王化沟村

山西省太谷县北洸镇北洸村

山西省灵石县两渡镇冷泉村

山西省万荣县高村乡阎景村

山西省新绛县泽掌镇光村

附录二

历史文化名城名镇名村保护条例

第一章　总　则

第一条　为了加强历史文化名城、名镇、名村的保护与管理，继承中华民族优秀历史文化遗产，制定本条例。

第二条　历史文化名城、名镇、名村的申报、批准、规划、保护，适用本条例。

第三条　历史文化名城、名镇、名村的保护应当遵循科学规划、严格保护的原则，保持和延续其传统格局和历史风貌，维护历史文化遗产的真实性和完整性，继承和弘扬中华民族优秀传统文化，正确处理经济社会发展和历史文化遗产保护的关系。

第四条　国家对历史文化名城、名镇、名村的保护给予必要的资金支持。

历史文化名城、名镇、名村所在地的县级以上地方人民政府，根据本地实际情况安排保护资金，列入本级财政预算。

国家鼓励企业、事业单位、社会团体和个人参与历史文化名城、名镇、名村的保护。

第五条　国务院建设主管部门会同国务院文物主管部门负责全国历史文化名

城、名镇、名村的保护和监督管理工作。

地方各级人民政府负责本行政区域历史文化名城、名镇、名村的保护和监督管理工作。

第六条 县级以上人民政府及其有关部门对在历史文化名城、名镇、名村保护工作中做出突出贡献的单位和个人，按照国家有关规定给予表彰和奖励。

第二章 申报与批准

第七条 具备下列条件的城市、镇、村庄，可以申报历史文化名城、名镇、名村：

（一）保存文物特别丰富；

（二）历史建筑集中成片；

（三）保留着传统格局和历史风貌；

（四）历史上曾经作为政治、经济、文化、交通中心或者军事要地，或者发生过重要历史事件，或者其传统产业、历史上建设的重大工程对本地区的发展产生过重要影响，或者能够集中反映本地区建筑的文化特色、民族特色。

申报历史文化名城的，在所申报的历史文化名城保护范围内还应当有 2 个以上的历史文化街区。

第八条 申报历史文化名城、名镇、名村，应当提交所申报的历史文化名城、名镇、名村的下列材料：

（一）历史沿革、地方特色和历史文化价值的说明；

（二）传统格局和历史风貌的现状；

（三）保护范围；

（四）不可移动文物、历史建筑、历史文化街区的清单；

（五）保护工作情况、保护目标和保护要求。

第九条 申报历史文化名城，由省、自治区、直辖市人民政府提出申请，经国务院建设主管部门会同国务院文物主管部门组织有关部门、专家进行论证，提出审查意见，报国务院批准公布。

申报历史文化名镇、名村，由所在地县级人民政府提出申请，经省、自治区、直辖市人民政府确定的保护主管部门会同同级文物主管部门组织有关部门、专家进行论证，提出审查意见，报省、自治区、直辖市人民政府批准公布。

第十条　对符合本条例第七条规定的条件而没有申报历史文化名城的城市，国务院建设主管部门会同国务院文物主管部门可以向该城市所在地的省、自治区人民政府提出申报建议；仍不申报的，可以直接向国务院提出确定该城市为历史文化名城的建议。

对符合本条例第七条规定的条件而没有申报历史文化名镇、名村的镇、村庄，省、自治区、直辖市人民政府确定的保护主管部门会同同级文物主管部门可以向该镇、村庄所在地的县级人民政府提出申报建议；仍不申报的，可以直接向省、自治区、直辖市人民政府提出确定该镇、村庄为历史文化名镇、名村的建议。

第十一条　国务院建设主管部门会同国务院文物主管部门可以在已批准公布的历史文化名镇、名村中，严格按照国家有关评价标准，选择具有重大历史、艺术、科学价值的历史文化名镇、名村，经专家论证，确定为中国历史文化名镇、名村。

第十二条　已批准公布的历史文化名城、名镇、名村，因保护不力使其历史文化价值受到严重影响的，批准机关应当将其列入濒危名单，予以公布，并责成所在地城市、县人民政府限期采取补救措施，防止情况继续恶化，并完善保护制度，加强保护工作。

第三章　保护规划

第十三条　历史文化名城批准公布后，历史文化名城人民政府应当组织编制历史文化名城保护规划。

历史文化名镇、名村批准公布后，所在地县级人民政府应当组织编制历史文化名镇、名村保护规划。

保护规划应当自历史文化名城、名镇、名村批准公布之日起 1 年内编制完成。

第十四条　保护规划应当包括下列内容：

（一）保护原则、保护内容和保护范围；

（二）保护措施、开发强度和建设控制要求；

（三）传统格局和历史风貌保护要求；

（四）历史文化街区、名镇、名村的核心保护范围和建设控制地带；

（五）保护规划分期实施方案。

第十五条 历史文化名城、名镇保护规划的规划期限应当与城市、镇总体规划的规划期限相一致；历史文化名村保护规划的规划期限应当与村庄规划的规划期限相一致。

第十六条 保护规划报送审批前，保护规划的组织编制机关应当广泛征求有关部门、专家和公众的意见；必要时，可以举行听证。

保护规划报送审批文件中应当附具意见采纳情况及理由；经听证的，还应当附具听证笔录。

第十七条 保护规划由省、自治区、直辖市人民政府审批。

保护规划的组织编制机关应当将经依法批准的历史文化名城保护规划和中国历史文化名镇、名村保护规划，报国务院建设主管部门和国务院文物主管部门备案。

第十八条 保护规划的组织编制机关应当及时公布经依法批准的保护规划。

第十九条 经依法批准的保护规划，不得擅自修改；确需修改的，保护规划的组织编制机关应当向原审批机关提出专题报告，经同意后，方可编制修改方案。修改后的保护规划，应当按照原审批程序报送审批。

第二十条 国务院建设主管部门会同国务院文物主管部门应当加强对保护规划实施情况的监督检查。

县级以上地方人民政府应当加强对本行政区域保护规划实施情况的监督检查，并对历史文化名城、名镇、名村保护状况进行评估；对发现的问题，应当及时纠正、处理。

第四章 保护措施

第二十一条 历史文化名城、名镇、名村应当整体保护，保持传统格局、历史风貌和空间尺度，不得改变与其相互依存的自然景观和环境。

第二十二条 历史文化名城、名镇、名村所在地县级以上地方人民政府应当根据当地经济社会发展水平，按照保护规划，控制历史文化名城、名镇、名村的人口数量，改善历史文化名城、名镇、名村的基础设施、公共服务设施和居住环境。

第二十三条 在历史文化名城、名镇、名村保护范围内从事建设活动，应当符合保护规划的要求，不得损害历史文化遗产的真实性和完整性，不得对其传统格局和历史风貌构成破坏性影响。

第二十四条 在历史文化名城、名镇、名村保护范围内禁止进行下列活动：

（一）开山、采石、开矿等破坏传统格局和历史风貌的活动；

（二）占用保护规划确定保留的园林绿地、河湖水系、道路等；

（三）修建生产、储存爆炸性、易燃性、放射性、毒害性、腐蚀性物品的工厂、仓库等；

（四）在历史建筑上刻划、涂污。

第二十五条 在历史文化名城、名镇、名村保护范围内进行下列活动，应当保护其传统格局、历史风貌和历史建筑；制订保护方案，经城市、县人民政府城乡规划主管部门会同同级文物主管部门批准，并依照有关法律、法规的规定办理相关手续：

（一）改变园林绿地、河湖水系等自然状态的活动；

（二）在核心保护范围内进行影视摄制、举办大型群众性活动；

（三）其他影响传统格局、历史风貌或者历史建筑的活动。

第二十六条 历史文化街区、名镇、名村建设控制地带内的新建建筑物、构筑物，应当符合保护规划确定的建设控制要求。

第二十七条 对历史文化街区、名镇、名村核心保护范围内的建筑物、构筑物，应当区分不同情况，采取相应措施，实行分类保护。

历史文化街区、名镇、名村核心保护范围内的历史建筑，应当保持原有的高度、体量、外观形象及色彩等。

第二十八条 在历史文化街区、名镇、名村核心保护范围内，不得进行新建、扩建活动。但是，新建、扩建必要的基础设施和公共服务设施除外。

在历史文化街区、名镇、名村核心保护范围内，新建、扩建必要的基础设施和公共服务设施的，城市、县人民政府城乡规划主管部门核发建设工程规划许可证、乡村建设规划许可证前，应当征求同级文物主管部门的意见。

在历史文化街区、名镇、名村核心保护范围内，拆除历史建筑以外的建筑物、构筑物或者其他设施的，应当经城市、县人民政府城乡规划主管部门会同同级文物主管部门批准。

第二十九条　审批本条例第二十八条规定的建设活动，审批机关应当组织专家论证，并将审批事项予以公示，征求公众意见，告知利害关系人有要求举行听证的权利。公示时间不得少于 20 日。

利害关系人要求听证的，应当在公示期间提出，审批机关应当在公示期满后及时举行听证。

第三十条　城市、县人民政府应当在历史文化街区、名镇、名村核心保护范围的主要出入口设置标志牌。

任何单位和个人不得擅自设置、移动、涂改或者损毁标志牌。

第三十一条　历史文化街区、名镇、名村核心保护范围内的消防设施、消防通道，应当按照有关的消防技术标准和规范设置。确因历史文化街区、名镇、名村的保护需要，无法按照标准和规范设置的，由城市、县人民政府公安机关消防机构会同同级城乡规划主管部门制订相应的防火安全保障方案。

第三十二条　城市、县人民政府应当对历史建筑设置保护标志，建立历史建筑档案。

历史建筑档案应当包括下列内容：

（一）建筑艺术特征、历史特征、建设年代及稀有程度；

（二）建筑的有关技术资料；

（三）建筑的使用现状和权属变化情况；

（四）建筑的修缮、装饰装修过程中形成的文字、图纸、图片、影像等资料；

（五）建筑的测绘信息记录和相关资料。

第三十三条　历史建筑的所有权人应当按照保护规划的要求，负责历史建筑的维护和修缮。

县级以上地方人民政府可以从保护资金中对历史建筑的维护和修缮给予补助。

历史建筑有损毁危险，所有权人不具备维护和修缮能力的，当地人民政府应当采取措施进行保护。

任何单位或者个人不得损坏或者擅自迁移、拆除历史建筑。

第三十四条　建设工程选址，应当尽可能避开历史建筑；因特殊情况不能避开的，应尽可能实施原址保护。

对历史建筑实施原址保护的，建设单位应当事先确定保护措施，报城市、县人民政府城乡规划主管部门会同同级文物主管部门批准。

因公共利益需要进行建设活动，对历史建筑无法实施原址保护、必须迁移异地保护或者拆除的，应当由城市、县人民政府城乡规划主管部门会同同级文物主管部门，报省、自治区、直辖市人民政府确定的保护主管部门会同同级文物主管部门批准。

本条规定的历史建筑原址保护、迁移、拆除所需费用，由建设单位列入建设工程预算。

第三十五条　对历史建筑进行外部修缮装饰、添加设施以及改变历史建筑的结构或者使用性质的，应当经城市、县人民政府城乡规划主管部门会同同级文物主管部门批准，并依照有关法律、法规的规定办理相关手续。

第三十六条　在历史文化名城、名镇、名村保护范围内涉及文物保护的，应当执行文物保护法律、法规的规定。

第五章　法律责任

第三十七条　违反本条例规定，国务院建设主管部门、国务院文物主管部门和县级以上地方人民政府及其有关主管部门的工作人员，不履行监督管理职责，发现违法行为不予查处或者有其他滥用职权、玩忽职守、徇私舞弊行为，构成犯罪的，依法追究刑事责任；尚不构成犯罪的，依法给予处分。

第三十八条　违反本条例规定，地方人民政府有下列行为之一的，由上级人民政府责令改正，对直接负责的主管人员和其他直接责任人员，依法给予处分：

（一）未组织编制保护规划的；

（二）未按照法定程序组织编制保护规划的；

（三）擅自修改保护规划的；

（四）未将批准的保护规划予以公布的。

第三十九条　违反本条例规定，省、自治区、直辖市人民政府确定的保护主管部门或者城市、县人民政府城乡规划主管部门，未按照保护规划的要求或者未按照法定程序履行本条例第二十五条、第二十八条、第三十四条、第三十五条规定的审批职责的，由本级人民政府或者上级人民政府有关部门责令改正，通报批评；对直接负责的主管人员和其他直接责任人员，依法给予处分。

第四十条　违反本条例规定，城市、县人民政府因保护不力，导致已批准公布的历史文化名城、名镇、名村被列入濒危名单的，由上级人民政府通报批评；

对直接负责的主管人员和其他直接责任人员，依法给予处分。

第四十一条 违反本条例规定，在历史文化名城、名镇、名村保护范围内有下列行为之一的，由城市、县人民政府城乡规划主管部门责令停止违法行为、限期恢复原状或者采取其他补救措施；有违法所得的，没收违法所得；逾期不恢复原状或者不采取其他补救措施的，城乡规划主管部门可以指定有能力的单位代为恢复原状或者采取其他补救措施，所需费用由违法者承担；造成严重后果的，对单位并处 50 万元以上 100 万元以下的罚款，对个人并处 5 万元以上 10 万元以下的罚款；造成损失的，依法承担赔偿责任：

（一）开山、采石、开矿等破坏传统格局和历史风貌的；

（二）占用保护规划确定保留的园林绿地、河湖水系、道路等的；

（三）修建生产、储存爆炸性、易燃性、放射性、毒害性、腐蚀性物品的工厂、仓库等的。

第四十二条 违反本条例规定，在历史建筑上刻划、涂污的，由城市、县人民政府城乡规划主管部门责令恢复原状或者采取其他补救措施，处 50 元的罚款。

第四十三条 违反本条例规定，未经城乡规划主管部门会同同级文物主管部门批准，有下列行为之一的，由城市、县人民政府城乡规划主管部门责令停止违法行为、限期恢复原状或者采取其他补救措施；有违法所得的，没收违法所得；逾期不恢复原状或者不采取其他补救措施的，城乡规划主管部门可以指定有能力的单位代为恢复原状或者采取其他补救措施，所需费用由违法者承担；造成严重后果的，对单位并处 5 万元以上 10 万元以下的罚款，对个人并处 1 万元以上 5 万元以下的罚款；造成损失的，依法承担赔偿责任：

（一）改变园林绿地、河湖水系等自然状态的；

（二）进行影视摄制、举办大型群众性活动的；

（三）拆除历史建筑以外的建筑物、构筑物或者其他设施的；

（四）对历史建筑进行外部修缮装饰、添加设施以及改变历史建筑的结构或者使用性质的；

（五）其他影响传统格局、历史风貌或者历史建筑的。

有关单位或者个人经批准进行上述活动，但是在活动过程中对传统格局、历史风貌或者历史建筑构成破坏性影响的，依照本条第一款规定予以处罚。

第四十四条 违反本条例规定，损坏或者擅自迁移、拆除历史建筑的，由城市、县人民政府城乡规划主管部门责令停止违法行为、限期恢复原状或者采取其他补救措施；有违法所得的，没收违法所得；逾期不恢复原状或者不采取其他补救措施的，城乡规划主管部门可以指定有能力的单位代为恢复原状或者采取其他补救措施，所需费用由违法者承担；造成严重后果的，对单位并处 20 万元以上 50 万元以下的罚款，对个人并处 10 万元以上 20 万元以下的罚款；造成损失的，依法承担赔偿责任。

第四十五条 违反本条例规定，擅自设置、移动、涂改或者损毁历史文化街区、名镇、名村标志牌的，由城市、县人民政府城乡规划主管部门责令限期改正；逾期不改正的，对单位处 1 万元以上 5 万元以下的罚款，对个人处 1000 元以上 1 万元以下的罚款。

第四十六条 违反本条例规定，对历史文化名城、名镇、名村中的文物造成损毁的，依照文物保护法律、法规的规定给予处罚；构成犯罪的，依法追究刑事责任。

第六章　附　则

第四十七条 本条例下列用语的含义：

（一）历史建筑，是指经城市、县人民政府确定公布的具有一定保护价值，能够反映历史风貌和地方特色，未公布为文物保护单位，也未登记为不可移动文物的建筑物、构筑物。

（二）历史文化街区，是指经省、自治区、直辖市人民政府核定公布的保存文物特别丰富、历史建筑集中成片、能够较完整和真实地体现传统格局和历史风貌，并具有一定规模的区域。

历史文化街区保护的具体实施办法，由国务院建设主管部门会同国务院文物主管部门制定。

第四十八条 本条例自 2008 年 7 月 1 日起施行。

后　记

　　我喜欢摄影最初只是出于好奇。20 世纪 80 年代上中学时，我曾拿着同学从家里偷偷拿出的相机瞎鼓捣。每次拍摄完就到县照相馆找接替父亲上班的同学，在那里冲洗照片。时间一长便对摄影产生了兴趣。大学时代，每次和同学外出游玩，都要借朋友的相机为大家拍照。为了提高摄影水平，我特意买来摄影书进行学习。参加工作后第一件事，就是攒了几个月的工资，买了一台相机。1996 年我参加了中国摄影函授班学习，从此踏上了摄影之路。

　　如果说喜欢摄影是一个偶然，那么拍摄古建筑、古村落则是一种必然。

　　开始摄影时我和大多数人一样是见什么拍什么，直到参加中国摄影函授班学习时，老师讲了这样一个观念：摄影不能仅仅为了获奖，要有主题和方向。受这个观点启发，我就思考拍点什么东西好呢？后来看到著名摄影师李玉祥的《老房子》一书。我看到书里面拍摄的那些古老的建筑，一下子就想到了我们家。我出生在晋南一个古老的村落，一座垂花式门楼的传统四合院是我童年生活的地方，至今我依然清楚地记得正屋檩条上"大清康熙五十二年……"那醒目的大字。小时候，古老的城墙，雕梁画栋的祠堂是我和小伙伴们游戏的乐园。可惜如今那些古建筑已经被拆了，这些只能留在记忆里了。受此影响，我心里有了一个想法，能不能用相机把自己记忆中的老房子拍摄下来，别让自己再有那样的遗憾。于是我决定把山西的古村落作为自己的拍摄方向，开始了自己的"古村落"拍摄之旅。

　　古建筑是凝固的音乐、无声的画卷、历史的雕塑、永恒的艺术。拍摄古建的

山西国家级历史文化 ■ 名／村／名／镇

过程对我来说是一种享受，每到一处古村落都使我像发现宝藏一样欣喜若狂，因此寻访的艰辛与劳累已算不上什么，自觉获得一种心灵上的满足。这些饱含古人情感、智慧、追求的古建筑，不但是前人世代守望的家园，更是中华文化和文明的载体。

开始时我以游历、欣赏、记录的心态和视角去审视和拍摄古建筑、古民居。眼触手摸那散落在民间的一个个古村落、一条条老街道、一座座古院落、一件件精美的建筑雕饰。这些先民们世代生活的家园，以其承载的深厚的历史文化、人类的情感、智慧和追求，及艺术魅力深深地吸引我、感动我、诱惑我，使我痴迷、陶醉于古建筑、古村落，我的灵魂渐渐融化于其中。

然而，随着社会的发展、经济的繁荣以及民间生活方式的改变，古老的村落逐渐淡出我们的视野……所以，每每看到因年久失修而日渐衰败的古建筑，我的眼睛常常是湿润的，我的神经常常被触痛，我的内心常常是哀伤的。惋惜之余，我有一种紧迫感、使命感，想加快拍摄的步伐。

为了搜集古建资料，我成了书店、旧书市场、街头书摊的常客。如今利用各种机会从各种场所淘来的古建和摄影书籍已有上万册。就这样，我边拍摄边整理，边拍摄边研究，逐渐对古建筑、古民居有了一定的认识。

为了拍摄古村落，17 年来，我跋山涉水，寻访拍摄古村落、老房子成了我节假日的"工作"。翻山越岭，忍饥挨饿，日晒雨淋，甚至露宿对我而言早已成了家常便饭。我跑遍了山西省的县市，行程十余万公里，拍摄照片十余万张。相机由 135 到中画幅再到数码，前后更换过 9 部。

刚迷上摄影并确定日后的拍摄专题时，我曾意气风发地立志要把山西古建筑、古村落全部拍完，然而，随着拍摄和研究的深入，我发现，作为文物、古建大省的山西，古村落、古民居同样也是浩瀚的海洋，无尽的宝藏。仅凭一己之力，根本无法拍尽那些承载着山西古文化的建筑和村落。

经过深刻的思考我决定以"古村落"为突破口，分系列进行拍摄。2012 年 4 月，我终于将山西省 30 个国家级历史文化名村名镇全部拍摄完毕。对于庞大的古建筑、古村落的保护工作来说，我的努力也许微不足道，但这些原汁原味的影像资料，却可以让人直观地了解"古村落"这个蕴含着丰富文化信息和价值的历史遗产。

我常常被问到你拍摄这旧房子干啥呢？有啥用？其实，每个人都有三个故乡。地理的故乡，人文的故乡，灵魂的故乡。地理的故乡渐行渐远，人文的故乡凋零破碎，灵魂的故乡又在哪里？如同暗夜里无人可想，无处可去，无迹可寻，日暮乡关何处是？我们有幸在老房子里出生成长，在进入城市后追忆村庄，那些村庄就是我们的乡愁。然而，乡愁的载体轰然倒塌。我们只能通过照片来唤醒记忆。我有一个决心或者说是抱负，那就是用镜头记录古建筑、古村落，并通过传播媒介将中华传统文化带入大众的视野。正是这样的信念使我能坚持不断地拍摄。十几年的坚持，拍摄古建筑、古村落已经成了我自觉的目标和追求。我愿以我的追求唤醒人们科学保护我国乡土文化的意识，了解传统文化遗产的价值，让更多的人学会欣赏、珍惜、抢救、保护、利用那些古村落。

本书出版时山西出版传媒集团·三晋出版社社长张继红先生在百忙中亲自审阅书稿，并提出了许多好的建议，朱慧峰编辑做了大量工作，在此表示最诚挚的谢意。感谢我的妻子刘剑在前期的拍摄和整理过程中给予倾力支持和鼓励，才使我能坚持拍摄并整理出版此书。

图书在版编目（CIP）数据

山西国家级历史文化名村名镇 / 吴根喜著. —太原：三晋出版社，2013.11

ISBN 978-7-5457-0850-9

Ⅰ. ①山… Ⅱ. ①吴… Ⅲ. ①乡镇—介绍—山西省 ②乡村—介绍—山西省 Ⅳ. ①K922.5

中国版本图书馆 CIP 数据核字（2013）第 280458 号

山西国家级历史文化名村名镇

著　　者：	吴根喜
责任编辑：	朱慧峰
装帧设计：	冀建海
出　版　者：	山西出版传媒集团·三晋出版社（原山西古籍出版社）
地　　址：	太原市建设南路 21 号
邮　　编：	030012
电　　话：	0351-4922268（发行中心）
	0351-4956036（综合办）
	0351-4922203（印制部）
E-mail：	sj@sxpmg.com
网　　址：	http://sjs.sxpmg.com
经　销　者：	新华书店
承　印　者：	运城市凯达印刷包装有限公司
开　　本：	787mm×1092mm　1/16
印　　张：	21
字　　数：	200 千字
版　　次：	2014 年 1 月　第 1 版
印　　次：	2014 年 1 月　第 1 次印刷
书　　号：	ISBN　978-7-5457-0850-9
定　　价：	96.00 元